Schritte
PLUS NEU 1+2 Niveau A1

Deutsch als Zweitsprache
für Alltag und Beruf
Kursbuch

Daniela Niebisch
Sylvette Penning-Hiemstra
Franz Specht

Hueber Verlag

Beratung:
Ulrike Ankenbrank, München
Anouk Teskrat, Hamburg

Für die hilfreichen Hinweise danken wir:
PD Dr. Marion Grein, Johannes Gutenberg-Universität Mainz
sowie allen Teilnehmerinnen und Teilnehmern an den Kursleiter-Workshops

3. 2. 1.   Die letzten Ziffern
2021 20 19 18 17   bezeichnen Zahl und Jahr des Druckes.
Alle Drucke dieser Auflage können, da unverändert,
nebeneinander benutzt werden.
1. Auflage
© 2017 Hueber Verlag GmbH & Co. KG, München, Deutschland
Umschlaggestaltung: Sieveking · Agentur für Kommunikation, München
Gestaltung und Satz: Sieveking · Agentur für Kommunikation, München
Druck und Bindung: Firmengruppe APPL, aprinta druck GmbH, Wemding
Printed in Germany
ISBN 978–3–19–101081–2

Aufbau

Inhaltsverzeichnis – Kursbuch IV

Vorwort VIII

Die erste Stunde im Kurs 9

Kursbuch: Lektionen 1–14 10

Symbole und Piktogramme

Kursbuch

1 🔊 8   Hörtext

    📽   Film

    🔄   Aktivität im Kurs

    📱   Einsatz mobiler Geräte (fakultativ)

   ÜG   Verweis auf Schritte Übungsgrammatik (ISBN 978-3-19-301911-0)

Grammatik:

   Lara hat Tee gemacht.

Hinweis:

   am Samstag + am Sonntag = am Wochenende

Kommunikation:

   Wie ist das Wetter? | ☺ Gut./Schön. / ☹ Schlecht.

Audios und Videos zum Einschleifen und Üben der Redemittel:

   1 | 65-67 🔊 AUDIO-TRAINING   📽 VIDEO-TRAINING

Inhaltsverzeichnis **Kursbuch**

			A	B	C
1	**Guten Tag. Mein Name ist …** Folge 1: Das bin ich.	10	**Guten Tag.** · jemanden begrüßen · sich verabschieden	**Ich heiße Lara Nowak.** · nach dem Namen fragen · sich und andere vorstellen	**Ich komme aus Polen.** · Heimatland erfragen und nennen · über Sprachkenntnisse sprechen
	Grammatik, Kommunikation, Lernziele Zwischendurch mal …	18 20			
2	**Meine Familie** Folge 2: Pause ist super.	22	**Wie geht's? – Danke, gut.** · nach dem Befinden fragen · Befinden ausdrücken	**Das ist mein Bruder.** · die Familie / Familienmitglieder vorstellen	**Er lebt in Poznań.** · den Wohnort nennen
	Grammatik, Kommunikation, Lernziele Zwischendurch mal …	30 32			
3	**Einkaufen** Folge 3: Bananenpfannkuchen	34	**Haben wir Zucker?** · Lebensmittel benennen · Einkaufszettel schreiben	**Das ist doch kein Ei.** · nach einem Wort fragen · Vermutungen äußern	**Kaufst du bitte zehn Eier?** · Mengen benennen
	Grammatik, Kommunikation, Lernziele Zwischendurch mal …	42 44			
4	**Meine Wohnung** Folge 4: Ach so!	46	**Das Bad ist dort.** · Zimmer benennen	**Das Zimmer ist sehr schön. Es kostet …** · Häuser und Wohnungen beschreiben	**Die Möbel sind sehr schön.** · Möbelstücke, Elektrogeräte und Farben benennen · Gefallen und Missfallen ausdrücken
	Grammatik, Kommunikation, Lernziele Zwischendurch mal …	54 56			
5	**Mein Tag** Folge 5: Von früh bis spät	58	**Ich räume mein Zimmer auf.** · über Aktivitäten und Vorlieben sprechen	**Wie spät ist es jetzt?** · nach der Uhrzeit fragen und die Uhrzeit angeben	**Wann fängt der Deutschkurs an?** · Wochentage benennen · über die eigene Woche sprechen
	Grammatik, Kommunikation, Lernziele Zwischendurch mal …	66 68			
6	**Freizeit** Folge 6: Der Käsemann	70	**Das Wetter ist nicht so schön.** · den Wetterbericht verstehen · nach dem Wetter fragen und darüber sprechen	**Hast du den Käse?** · einfache Gespräche am Imbiss führen	**Hast du keinen Hunger mehr? – Doch.** · zustimmen, verneinen
	Grammatik, Kommunikation, Lernziele Zwischendurch mal …	78 80			
7	**Kinder und Schule** Folge 7: Prima Team	82	**Ich kann nicht in die Schule gehen.** · Möglichkeiten und Fähigkeiten ausdrücken	**Ja, sie will den Mathetest schreiben.** · Absichten ausdrücken · seinen Willen äußern	**Du hast nicht gelernt.** · von Ereignissen und Tagesabläufen in der Vergangenheit berichten
	Grammatik, Kommunikation, Lernziele Zwischendurch mal …	90 92			

D	E	Wortfelder	Grammatik
Buchstaben · Alphabet · Telefongespräch: nach jemandem fragen	**Adresse** · Visitenkarten lesen · Anmeldeformular ausfüllen	· Begrüßung und Abschied · Personalien · Länder · Sprachen	· Aussage: *Ich bin Lara.* · W-Frage: *Wie heißen Sie?* · Personalpronomen: *ich, du, Sie* · Verbkonjugation: *heißen, kommen, sprechen, sein* · Präposition: *aus*
Zahlen und Personalien · bis 20 zählen · Interview: Fragen zur eigenen Person beantworten · Formular ausfüllen	**Deutschsprachige Länder** · einfache Informationen verstehen	· Familie · Personalien	· Possessivartikel: *mein/meine, dein/deine, Ihr/Ihre* · Personalpronomen: *er/sie, wir, ihr, sie* · Verbkonjugation: *leben, heißen, sprechen, haben, sein* · Präposition: *in*
Preise und Mengenangaben · Preise und Mengenangaben nennen und verstehen · einen Prospekt verstehen	**Einkaufen und kochen** · ein Einkaufsgespräch führen · ein einfaches Rezept lesen	· Lebensmittel · Mengenangaben · Preise	· Ja-/Nein-Frage: *Haben Sie Eier?* · Nullartikel: *Haben wir Zucker?* · indefiniter Artikel: *ein, eine* · Negativartikel: *kein, keine* · Plural: *Tomaten, Eier* · Verbkonjugation: *möchte-*
Wohnungsanzeigen · bis eine Million zählen · Wohnungsanzeigen relevante Informationen entnehmen	**Am Telefon** · Kleinanzeigen Informationen entnehmen · Auskünfte am Telefon erfragen	· Farben · Haus/Wohnung · Einrichtung (Möbel, Elektrogeräte) · Wohnungsanzeigen	· definiter Artikel: *der, das, die* · lokale Adverbien: *hier, dort* · prädikatives Adjektiv: *Das Zimmer ist teuer.* · Personalpronomen: *er, es, sie* · Negation: *nicht* · Wortbildung Nomen: *der Schrank → der Kühlschrank*
Tageszeiten · Angaben zur Tageszeit verstehen und machen · über den Tagesablauf berichten	**Familienalltag** · Schilder/Telefonansagen: Öffnungszeiten verstehen	· Uhrzeit · Wochentage · Öffnungszeiten · Aktivitäten	· trennbare Verben im Satz: *Lara steht früh auf.* · Verbkonjugation: *fernsehen, arbeiten, essen, anfangen, schlafen* · Präpositionen: *am, um, von … bis* · Verbposition im Satz: *Robert macht am Nachmittag Sport.*
Freizeit und Hobbys · über Freizeitaktivitäten sprechen · ein Personenporträt verstehen	**Besondere Hobbys** · Interviews über Hobbys verstehen	· Wetter und Klima · Himmelsrichtungen · Freizeitaktivitäten und Hobbys	· Akkusativ: *den Salat, einen Tee, keinen Saft* · Ja-/Nein-Frage und Antwort: *ja, nein, doch* · Verbkonjugation: *nehmen, lesen, treffen, fahren*
Bist du pünktlich gekommen? · über Aktivitäten in der Vergangenheit erzählen · Vorschläge machen und ablehnen	**Kommunikation mit der Schule** · Elternbrief · Telefongespräch: sich / ein Kind wegen Krankheit entschuldigen	· Schule · Ausflug · Freizeitaktivitäten · Aktivitäten im Deutschkurs	· Modalverben: *können, wollen* · Satzklammer: *Kannst du Lili wecken?* · Perfekt mit *haben*: *Lara hat Tee gemacht.* · Perfekt mit *sein*: *Ich bin spazieren gegangen.* · Perfekt im Satz: *Bist du pünktlich gekommen?*

Inhaltsverzeichnis **Kursbuch**

			A	B	C
8	**Beruf und Arbeit** Folge 8: Total fotogen	94	**Ich bin Physio-therapeutin.** · Berufe benennen und erfragen · über die berufliche Situation sprechen	**Wann hast du die Ausbildung gemacht?** · private und beruf-liche Informationen über Vergangenheit und Gegenwart austauschen	**Ich hatte ja noch keine Berufs-erfahrung.** · von Ereignissen und Aktivitäten in der Vergangenheit berichten
	Grammatik, Kommunikation, Lernziele Zwischendurch mal ...	102 104			
9	**Ämter und Behörden** Folge 9: Na los, komm mit!	106	**Sie müssen einen Antrag ausfüllen.** · Abläufe auf dem Amt und im Alltag erklären	**Sieh mal!** · Aufforderungen verstehen und Anweisungen geben	**Sie dürfen in der EU Auto fahren.** · über Erlaubtes und Verbotenes sprechen
	Grammatik, Kommunikation, Lernziele Zwischendurch mal ...	114 116			
10	**Gesundheit und Krankheit** Folge 10: Unsere Augen sind so blau.	118	**Ihr Auge tut weh.** · Körperteile benennen · über das Befinden sprechen	**Unsere Augen sind so blau.** · über das Befinden anderer sprechen	**Ich soll Schmerz-tabletten nehmen.** · Anweisungen und Ratschläge ver-stehen und geben
	Grammatik, Kommunikation, Lernziele Zwischendurch mal ...	126 128			
11	**In der Stadt unterwegs** Folge 11: Alles im grünen Bereich	130	**Fahren Sie dann nach links.** · nach dem Weg fragen und den Weg beschreiben	**Wir fahren mit dem Auto.** · Verkehrsmittel benennen	**Da! Vor der Brücke links.** · Ortsangaben machen
	Grammatik, Kommunikation, Lernziele Zwischendurch mal ...	138 140			
12	**Kundenservice** Folge 12: Super Service!	142	**Gleich nach dem Kurs gehe ich hin.** · Zeitangaben verstehen und machen · Tagesabläufe beschreiben	**Sie bekommen sie in vier Wochen.** · zeitliche Bezüge nennen · um Serviceleis-tungen bitten	**Könnten Sie mir das bitte zeigen?** · höfliche Bitten und Aufforderungen ausdrücken
	Grammatik, Kommunikation, Lernziele Zwischendurch mal ...	150 152			
13	**Neue Kleider** Folge 13: Ist das kalt heute!	154	**Sieh mal, Lara, die Jacke da! Die ist super!** · Kleidungsstücke benennen	**Die Jacke passt dir perfekt.** · Gefallen/Missfallen ausdrücken	**Und hier: Die ist noch besser.** · Vorlieben und Bewertungen ausdrücken
	Grammatik, Kommunikation, Lernziele Zwischendurch mal ...	162 164			
14	**Feste** Folge 14: Ende gut, alles gut	166	**Am fünfzehnten Januar fange ich an.** · das Datum erfra-gen und nennen · über Feste und Feiertage sprechen	**Ich habe dich sehr lieb, Opa.** · über Personen und Dinge sprechen · um Hilfe bitten	**Wir feiern Abschied, denn ...** · Gründe angeben · einen Termin absa-gen und zusagen
	Grammatik, Kommunikation, Lernziele Zwischendurch mal ...	174 176			

D	E	Wortfelder	Grammatik
Stellenanzeigen · Stellenanzeigen verstehen · Telefongespräch: Informationen zu einem Stellenangebot erfragen · ein Stellengesuch schreiben		· Berufe · Arbeit	· Wortbildung Nomen: *der Fahrer →* *die Fahrerin, der Hausmann → die Hausfrau* · lokale Präposition *bei: Ich arbeite bei ...* · modale Präposition *als: Ich arbeite als ...* · temporale Präpositionen *vor, seit, für: vor einem Jahr* · Präteritum *sein, haben: war, hatte*
Meldeformular · ein Meldeformular ausfüllen · um Erklärungen und Verständnishilfen bitten	**Einreise nach Deutschland** · Abläufe auf dem Amt verstehen	· Amt · Regeln in Verkehr und Umwelt · Meldeformular	· Modalverben *müssen, dürfen* · Satzklammer: *Sie müssen einen Antrag ausfüllen.* · Pronomen *man* · Imperativ: *Warten Sie bitte!* · Verbkonjugation: *helfen*
Krankmeldung · sich telefonisch und schriftlich krankmelden	**Anruf beim Arzt / Notruf** · einen Termin vereinbaren · einen Notfall melden	· Körperteile · Krankheiten · Brief	· Possessivartikel: *dein, sein, ihr, unser, ...* · Modalverb *sollen* · Satzklammer: *Sie sollen zu Hause bleiben.*
Wir gehen zu Walter und holen das Auto. · Orte und Richtungen angeben	**Am Bahnhof** · Durchsagen verstehen · am Schalter: um Auskunft bitten · Fahrplänen Informationen entnehmen	· Einrichtungen und Orte in der Stadt · Verkehrsmittel	· Präposition *mit: Wir fahren mit dem Auto.* · lokale Präpositionen *an, auf, bei, hinter, in, neben, über, unter, vor, zwischen: Wo ...? – Auf dem Parkplatz.* · lokale Präpositionen *zu, nach, in: Wohin ...? – Zum Arzt.*
Telefonansagen · Telefonansagen verstehen und formulieren	**Hilfe im Alltag** · Service-Anzeigen verstehen · eine Gebrauchsanweisung verstehen · Telefongespräch: Kundenservice	· Kundenservice · Telekommunikation	· temporale Präpositionen *vor, nach, bei, in, bis, ab: Wann ...? – In einer Stunde. Ab wann ...? – Ab morgen.* · Konjunktiv II: *würde, könnte* · Satzklammer: *Könnten Sie mir bitte helfen?* · Verben mit verschiedenen Präfixen: *an-, aus-, auf-, zumachen*
Welche meinst du? – Na, diese. · Vorlieben erfragen · eine Auswahl treffen	**Im Kaufhaus** · um Hilfe/Rat bitten	· Kleidung und Gegenstände · Landschaften	· Demonstrativpronomen *der, das, die, dies-: die Jacke → Die ist gut! Dieses Hemd gefällt mir.* · Frageartikel *welch-: Welches Hemd?* · Personalpronomen im Dativ: *mir, dir, ...* · Verben mit Dativ: *gefallen, gehören, passen, ...* · Komparation *gut, gern, viel* · Verbkonjugation: *mögen*
Einladungen · Einladungen verstehen und schreiben	**Feste und Glückwünsche** · Feste nennen · Texte über Feste verstehen · Glückwünsche formulieren	· Monate · Feste · Glückwünsche	· Ordinalzahlen: *der erste, ...* · Personalpronomen im Akkusativ: *mich, dich, ...* · Konjunktion *denn: Wir feiern Abschied, denn Lara und Tim fahren nach Hause.* · Verbkonjugation: *werden*

Vorwort

Liebe Leserinnen, liebe Leser,

mit *Schritte plus Neu* legen wir Ihnen ein komplett neu bearbeitetes Lehrwerk vor, mit dem wir das jahrelang bewährte und erprobte Konzept von *Schritte plus* noch verbessern und erweitern konnten. Erfahrene Kursleiterinnen und Kursleiter haben uns bei der Neubearbeitung beraten, um *Schritte plus Neu* zu einem noch passgenaueren Lehrwerk für die Erfordernisse Ihres Unterrichts zu machen. Wir geben Ihnen im Folgenden einen Überblick über Neues und Altbewährtes im Lehrwerk und wünschen Ihnen viel Freude in Ihrem Unterricht.

Schritte plus Neu ...

- führt Lernende ohne Vorkenntnisse in 3 bzw. 6 Bänden zu den Sprachniveaus A1, A2 und B1.
- orientiert sich an den Vorgaben des Gemeinsamen Europäischen Referenzrahmens sowie an den Vorgaben des Rahmencurriculums für Integrationskurse des Bundesamts für Migration und Flüchtlinge.
- bereitet gezielt auf die Prüfungen *Start Deutsch 1* (Stufe A1), *Start Deutsch 2* (Stufe A2), den *Deutsch-Test für Zuwanderer* (Stufe A2–B1), das *Goethe-Zertifikat* (Stufe A2 und B1) und das *Zertifikat Deutsch* (Stufe B1) vor.
- bereitet die Lernenden auf Alltag und Beruf vor.
- eignet sich besonders für den Unterricht mit heterogenen Lerngruppen.
- ermöglicht einen zeitgemäßen Unterricht mit vielen Angeboten zum fakultativen Medieneinsatz (verfügbar im Medienpaket sowie im Lehrwerkservice und abrufbar über die *Schritte plus Neu*-App).

Der Aufbau von *Schritte plus Neu*

Kursbuch (sieben Lektionen)

Lektionsaufbau:

- Einstiegsdoppelseite mit einer rundum neuen Foto-Hörgeschichte als thematischer und sprachlicher Rahmen der Lektion (verfügbar als Audio oder Slide-Show) sowie einem Film mit Alltagssituationen der Figuren aus der Foto-Hörgeschichte
- Lernschritte A–C: schrittweise Einführung des Stoffs in abgeschlossenen Einheiten mit einer klaren Struktur

- Lernschritte D+E: Trainieren der vier Fertigkeiten Hören, Lesen, Sprechen und Schreiben in authentischen Alltagssituationen und systematische Erweiterung des Stoffs der Lernschritte A–C
- Übersichtsseite Grammatik und Kommunikation mit Möglichkeiten zum Festigen und Weiterlernen sowie zur aktiven Überprüfung und Automatisierung des gelernten Stoffs durch ein Audiotraining und ein Videotraining sowie eine Übersicht über die Lernziele
- eine Doppelseite „Zwischendurch mal ..." mit spannenden fakultativen Unterrichtsangeboten wie Filmen, Projekten, Spielen, Liedern etc. und vielen Möglichkeiten zur Binnendifferenzierung

Arbeitsbuch (sieben Lektionen)

Lektionsaufbau:

- abwechslungsreiche Übungen zu den Lernschritten A–E des Kursbuchs
- Übungsangebot in verschiedenen Schwierigkeitsgraden, zum binnendifferenzierten Üben
- ein systematisches Phonetik-Training
- ein systematisches Schreibtraining
- Aufgaben zum Selbstentdecken grammatischer Strukturen (Grammatik entdecken)
- Aufgaben zur Prüfungsvorbereitung
- Selbsttests am Ende jeder Lektion zur Kontrolle des eigenen Lernerfolgs der Teilnehmer
- fakultative Fokusseiten zu den Themen Alltag, Beruf und Familie

Anhang:

- Lernwortschatzseiten mit Lerntipps, Beispielsätzen und illustrierten Wortfeldern
- Grammatikübersicht

Außerdem finden Sie im Lehrwerkservice zu *Schritte plus Neu* vielfältige Zusatzmaterialien für den Unterricht und zum Weiterlernen.

Viel Spaß beim Lehren und Lernen mit *Schritte plus Neu* wünschen Ihnen

Autoren und Verlag

Die erste Stunde im Kurs

Guten Tag. Mein Name ist ...

Folge 1: Das bin ich.

1 ◀)) 1-8   **1 Sehen Sie die Fotos an und hören Sie.**

Wer ist das? Verbinden Sie.

Mein Name ist Walter Baumann.

Ich bin Lili.

Ich heiße Lara Nowak.

Ich bin Sofia Baumann.

1 🔊 1-8   **2 Was ist richtig? Hören Sie noch einmal und kreuzen Sie an.**

○   ○   ○   ⊗

Laras Film

Polen

A

Ich komme aus
Deutschland.
Ich spreche
Polnisch und
Deutsch.

B

Ich komme aus
Deutschland. Ich
spreche Deutsch,
Englisch und ein
bisschen Spanisch.

C

Ich komme
aus Polen.
Ich spreche
Deutsch
und Englisch.

D

Ich komme aus
Deutschland. Ich
spreche Deutsch
und ein bisschen
Englisch.

A Guten Tag.

1 ◀) 9 **A1 Wer sagt was? Hören Sie und ordnen Sie zu.**

~~Guten Tag.~~ Hallo. Auf Wiedersehen. Tschüs.

 A  B  C  D

Guten Tag. _____ _____ _____

A2 Guten Tag! Auf Wiedersehen!

1 ◀) 10   **a Hören Sie und ordnen Sie zu.**

 A    B    C    D

1 Ⓒ ◻ Auf Wiedersehen, Herr Schröder.
    ✚ Tschüs, Kinder.

2 ◯ ▲ Guten Abend, meine Damen
    und Herren. Willkommen bei
    „Musik international".

3 ◯ ◆ Guten Morgen, Frau Fleckenstein.
    ○ Guten Morgen. Oh, danke.
    Auf Wiedersehen.

4 ◯ ● Gute Nacht.
    ▼ Nacht, Papa.

b Ergänzen Sie aus a.

A   (Hallo!)   *Guten Abend*
Willkommen!

B  (Tschüs!) *Auf Wiedersehen.*
tschüs

🔁 **A3 Machen Sie Kärtchen und sprechen Sie im Kurs.**

06:30	◆ Guten Morgen, Frau Eco.	○ Guten Morgen.
13:00	◆ Guten Tag, Herr Díaz.	○ Guten Tag.
20:45	◆ Guten Abend, Alexander.	○ Guten Abend.

6 Uhr – 11 Uhr: (Guten) Morgen.
11 Uhr – 18 Uhr: (Guten) Tag.
18 Uhr – …: Guten Abend.

 06:30   09:00   13:00   15:30   17:30   19:30   20:00   22:00

1

B1 Ordnen Sie zu.

Ich bin Lili.   ~~Ich heiße Lara Nowak.~~   Ich bin Sofia Baumann.   Mein Name ist Walter Baumann.

A

Ich heiße Lara Nowak.

B

Mein Name ist Walter Baumann

C

Ich bin Lili.

D

Ich bin Sofia Baumann

1 ◄)) 11-12 **B2 Hören Sie und lesen Sie die Gespräche. Ergänzen Sie die Namen.**

A

Helga

Weber

Richard Yulu

◆ Guten Tag. Mein Name ist Richard Yulu.
○ Guten Tag, Herr …
  Entschuldigung, wie heißen Sie?
◆ Richard Yulu.
○ Ah, ja. Guten Tag, Herr Yulu.
  Ich bin Helga Weber.
◆ Guten Tag, Frau Weber.

| Wie heißen Sie? |
| Ich heiße |
| Ich bin … |
| Mein Name ist … |

B

Yulu   Magdalena Deiser

○ Das ist Herr Yulu.
△ Guten Tag, Herr Yulu.
  Ich bin Magdalena Deiser.
◆ Guten Tag, Frau Deiser, freut mich.
△ Herzlich willkommen
  im Park-Klinikum.

⇆ **B3 Und jetzt Sie! Spielen Sie die Gespräche aus B2 im Kurs mit Ihrem Namen.**

⇆ **B4 Suchen Sie bekannte Personen und zeigen Sie ein Foto. Fragen Sie im Kurs.**

 A
 B
 C
 D

| Wer ist das? |
| Das ist … |

◆ Wer ist das?   ◆ Wer ist das?
○ Das ist …   △ Ich weiß es nicht.
◆ Ja, stimmt. / Nein.

SCHON FERTIG? Schreiben Sie
Gespräche wie in B2. Beispiel:
Guten Tag, mein Name ist …

C Ich komme aus Polen.

1 ◀)) 13-14 **C1 Hören Sie und ordnen Sie zu.**

bist du   kommst du   kommen Sie   ~~Ich heiße~~

A

B

◆ Guten Tag. Mein Name ist Lara Nowak.
○ Guten Tag. Freut mich.
  Ich heiße Klara Schneider.
  Woher _____, Frau Nowak?
◆ Aus Polen.

◆ Hallo. Ich bin Lara. Und wer _____?
▲ Hallo! Ich bin Henry.
  Woher _____, Lara?
◆ Aus Polen.

aus	aus dem	aus der	aus den
Deutschland	Jemen	Schweiz	USA
Österreich	Sudan	Türkei	...
Rumänien	...	Ukraine	
Syrien		...	
Ungarn			
Iran			
Irak			
...			

Woher kommen Sie?	Aus	Deutschland. / ...
Woher kommst du?		München. / ...

C2 Im Deutschkurs

1 ◀)) 15-17 **a** Hören Sie und lesen Sie die Gespräche. Markieren Sie dann alle Fragen mit „W".

1
▲ Guten Tag, ich bin Hans Mayer. Wie heißen Sie?
☐ Ali Tankay.
▲ Woher kommen Sie, Herr Tankay?
☐ Aus der Türkei.
▲ Aha! Und Sie? Wer sind Sie?
✦ Ich bin Alexander Makarenko. Ich bin aus der Ukraine.

2
◆ Hallo, ich bin Anna. Und wie heißt du?
○ Ich heiße Sadie.
◆ Und du? Wer bist du?
▲ Ich heiße Rabia.

3
■ Woher kommst du?
● Aus Indien.
■ Ah, toll.
● Und du?
■ Aus Thailand.
● Interessant.

b Ergänzen Sie Fragen aus a.

Sie   du

_____   *Und wie heißt du?*

_____   _____

_____   _____

c Fragen und Antworten: Sprechen Sie wie in a.

C3 *du* oder *Sie*?

a Was ist richtig? Kreuzen Sie an.

◆ Hallo! Ich bin Umut. Und wer bist ☒ du? ○ Sie?

◉ Ich heiße Amir.

◆ Woher kommst ○ du, ○ Sie, Amir?

◉ Aus dem Jemen.

◆ Aha. Ich komme aus Istanbul.

◉ ○ Du ○ Sie sprichst gut Deutsch.

◆ Nein, nein. Nur ein bisschen.

◉ Und ○ du, ○ Sie, wie heißen ○ du? ○ Sie?

▲ Tufan, Mona Tufan.

◆ Ah, schön. Was sprechen ○ du, ○ Sie, Frau Tufan?

▲ Ich spreche Deutsch und Türkisch.

◆ Aha, auch Türkisch.

1 ◄))) 18   **b** Hören Sie und vergleichen Sie.

Was sprichst du?

Was sprechen Sie?

Sprachen

Arabisch	Polnisch
Bulgarisch	Rumänisch
Deutsch	Russisch
Englisch	Spanisch
Französisch	Türkisch
Griechisch	Ungarisch
Italienisch	...

⇆ C4 Das bin ich!

Sprechen Sie mit Ihrer Partnerin / Ihrem Partner
oder machen Sie einen Film.

Wie heißen Sie?

Ich bin ...

Woher ... ?

Was ... ?

Ich spreche ein bisschen Französisch.

D Buchstaben

D1 Das Alphabet
1 ◀)) 19

Hören Sie und sprechen Sie nach.

Aa	Bb	Cc	Dd	Ee	Ff	Gg	Hh	Ii	Jj	Kk	Ll	Mm
a	be	tse	de	e	ef	ge	ha	i	jot	ka	el	em

Nn	Oo	Pp	Qq	Rr	Ss	Tt	Uu	Vv	Ww	Xx	Yy	Zz
en	o	pe	ku	er	es	te	u	vau	we	iks	ypsilon	tsett

Ää	Öö	Üü	ß
ä	ö	ü	eszett

D2 Buchstabieren Sie Ihren Namen.

Ich heiße Maria Bari.

Wie bitte? Buchstabieren Sie, bitte.

M – A – R – ...

D3 Hören Sie das Telefongespräch. Sprechen Sie dann mit Ihrem Namen.
1 ◀)) 20

◆ Firma Microlab, Valentina Schwarz, guten Tag.

◆ Guten Tag, Herr ...

◆ Entschuldigung, wie ist Ihr Name?

◆ Ah ja, Herr Kostadinov. Einen Moment, bitte ... Herr Kostadinov? Tut mir leid, Frau Bär ist nicht da.

◆ Auf Wiederhören, Herr Kostadinov.

○ Guten Tag. Mein Name ist Kostadinov. Ist Frau Bär da, bitte?

○ Kostadinov.

○ Kostadinov. Ich buchstabiere: K – O – S – T – A – D – I – N – O – V.

○ Ja, gut. Vielen Dank. Auf Wiederhören.

⇄ D4 Spiel: *Die Buchstabenmaus.* Raten Sie Wörter aus der Lektion.

E Adresse

E1 Visitenkarten

a Lesen Sie und markieren Sie: Vorname, Familienname / Nachname, Straße, Stadt, Land.

Neos Film
Lorenzo Menardi • Produzent
Metzstraße 18 • D-10453 Berlin
lorenzomenardi@hotmail.com
030-25057187 • 0178-5461356

Schuhhaus Stiefelkaiser
Inh.: Isolde Plank
Hofgasse 8
A-6020 Innsbruck
+43 (512) 561189
www.stiefelkaiser.com

Deutsche Krankenkasse
Lucie Eigner
DK
Aachener Straße 3, D-50676 Köln
E-Mail: l-eigner@dk.de

Roger Lauber
Allgemeinmedizin
Bahnhofstrasse 73
CH-6003 Luzern
Telefon 041 227 11 00
www.doktor-lauber.ch

Julian Ditken
Gartenstraße 12
A-4020 Linz
jditken@aon.at

Mag. Jürgen Schremser
Text & Rechte
Obergasse 56 • FL-9494 Schaan
jue@textrecht.com

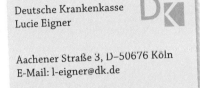

b Wie heißt das Land? Ordnen Sie zu.

~~Deutschland~~ Schweiz Österreich Liechtenstein

D = Deutschland CH = ...
A = ... FL = ...

1 ◀)) 21 **E2 Hören Sie und ergänzen Sie das Formular.**

Kurs A1/1
Familienname P
Vorname
Stadt

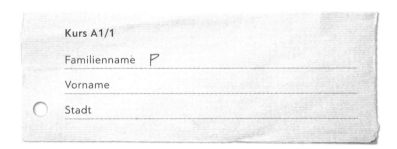

E3 Wer sind Sie? Ergänzen Sie das Formular.

Kurs A1/1 Deutsch als Fremdsprache
Anmeldung
Familienname
Vorname
Straße, Hausnummer
Postleitzahl, Stadt

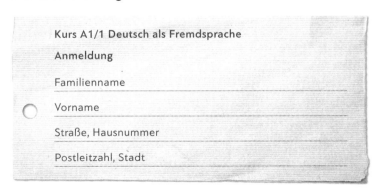

SCHON FERTIG? Schreiben Sie Ihre Visitenkarte. Tauschen Sie die Karten.

Grammatik und Kommunikation

Grammatik

1 Aussage ÜG 10.01

	Position 2	
Mein Name	ist	Walter Baumann.
Ich	bin	Lili.
Ich	komme	aus Deutschland.
Sie	sprechen	gut Deutsch.

2 W-Frage ÜG 10.03

	Position 2	
Wer	ist	das?
Wie	heißen	Sie?
Woher	kommen	Sie?
Was	sprechen	Sie?

3 Verb: Konjugation ÜG 5.01

	kommen	heißen	sprechen	sein
ich	komme	heiße	spreche	bin
du	kommst	heißt	sprichst	bist
Sie	kommen	heißen	sprechen	sind

Merke:

ich -e
du -st   du heiß̶t̶
Sie -en   du sprichst

Kommunikation

BEGRÜSSUNG: Hallo!

Hallo! | (Guten) Morgen, Frau Eco. | (Guten) Tag, Herr Díaz.
Guten Abend, Alexander. | (Herzlich) Willkommen. | Freut mich.
Firma Microlab, Valentina Schwarz, guten Tag.

ABSCHIED: Auf Wiedersehen.

Auf Wiedersehen. | Tschüs! | (Gute) Nacht. | Auf Wiederhören.

NAME: Wie heißen Sie?

Wie heißen Sie?	*Ich heiße/bin Lara Nowak.*
Wie heißt du?	*Ich heiße/bin Lili.*
Wer bist du?	*(Ich bin) Lili.*
Wer sind Sie?	*(Ich bin) Sofia Baumann.*
Wie ist Ihr Name?	*(Mein Name ist) Lara Nowak.*
Wer ist das?	*Das ist Herr Yulu.*
	Ich buchstabiere: Y – U – L – U.

Merke:

Ich heiße
Mein Name ist | ~~Frau~~ Baumann.

HERKUNFT: Woher kommen Sie?

Woher kommen Sie, Frau Nowak? (Ich komme) aus Polen.
Woher kommst du, Lara?

SPRACHE: Was sprechen Sie?

Was sprechen Sie? Deutsch.
Was sprichst du? Ich spreche Deutsch und
 (ein bisschen) Türkisch.

Sie sprechen/du sprichst gut Deutsch. Nein, nein. Nur ein bisschen.

excuse me

ENTSCHULDIGUNG: Tut mir leid.

Entschuldigung, ... | Tut mir leid.
 i'm sorry

BITTEN UND DANKEN: Vielen Dank.

Ist Frau Bär da, bitte? | Buchstabieren Sie, bitte.
Vielen Dank./Danke.

STRATEGIEN: Ja, stimmt.

Ja. | Nein. | Ah, ja. | Aha! | Ja, stimmt. | Ja, gut.
Wie bitte? | ..., bitte? | Einen Moment, bitte. | Ich weiß es nicht.
Ah, schön. | Ah, toll. | Interessant. *I just dont know*

Das bin ich. Ergänzen Sie.
Name:
Land:
Stadt:
Sprache:

Schreiben Sie.

Ich heiße ...
Ich komme aus ...
Ich spreche...

Sie möchten noch mehr üben?

1 | 22-24 AUDIO-TRAINING VIDEO-TRAINING

Lernziele

Ich kann jetzt ...

A ... jemanden begrüßen und mich verabschieden:
 Hallo! Auf Wiedersehen. ☺ ☺ ☹
B ... jemanden nach dem Namen fragen und meinen Namen sagen:
 Wie heißen Sie? – Mein Name ist Richard Yulu. ☺ ☺ ☹
C ... nach dem Heimatland fragen und mein Heimatland sagen:
 Woher kommen Sie? – Ich komme aus der Türkei. ☺ ☺ ☹
 ... sagen: Diese Sprachen spreche ich:
 Was sprichst du? – Ich spreche Deutsch und Türkisch. ☺ ☺ ☹
D ... die Buchstaben sagen und meinen Namen buchstabieren:
 Maria: M – A – R – I – A ☺ ☺ ☹
 ... am Telefon nach einer Person fragen:
 Ist Frau Bär da, bitte? ☺ ☺ ☹
E ... eine Visitenkarte lesen und ein Anmeldeformular ausfüllen:
 Familienname: Menardi; Vorname: Lorenzo; ... ☺ ☺ ☹

Ich kenne jetzt ...
... 5 Länder:

Rumänien, ...

... 5 Sprachen:

Italienisch, ...

LIED

Das Alphabet

1 ◄)) 25

Hören Sie das Lied und sprechen Sie mit.

A kkordeon

B aby

C ent

D ynamit

E lefant

F löte

G itarre

H allo

I nsekt

J aguar

K amera

L okomotive

M ikrofon

N atur

O zean

P olizei

Q uartett

R adio

S axofon

T elefon

U hu

V olksmusik

W olfgang Amadeus

X ylofon

Y psilon

Z irkus

FILM / SPIEL

Buchstabenspiel

Sehen Sie den Film an. Hören Sie und ergänzen Sie die Namen.

Anna,

Hallo und guten Tag!

1 Sehen Sie den Film ohne Ton an. Was meinen Sie: Was sagen die Personen? Notieren Sie.

....

....

2 Sehen Sie den Film nun mit Ton an und vergleichen Sie.

Begrüßung und Abschied regional

1 ◀)) 26 **1** In Deutschland, Österreich und in der Schweiz gibt es viele Wörter für (Guten Tag!)
und *Auf Wiedersehen!* Hören Sie die Wörter und markieren Sie in den Karten.

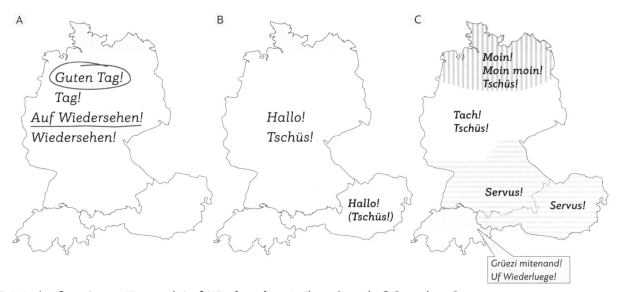

2 Wie heißen *Guten Tag* und *Auf Wiedersehen* in Ihrer Sprache? Sprechen Sie.

Meine Familie

Folge 2: Pause ist super.

1 Sehen Sie die Fotos an.

a Was meinen Sie? Was ist richtig? Kreuzen Sie an.

   1 Tim   ○ ist Laras Deutschlehrer.   ○ lernt auch Deutsch.

   2 Tim und Lara   ○ haben Pause.   ○ lernen Deutsch im Park.

1 ◀)) 27-34   **b Hören Sie und vergleichen Sie.**

1 ◀)) 28-29   **2 Hören Sie noch einmal und ordnen Sie zu.**

~~Kanada~~   Lublin   Polen   Ottawa

Tim

Land: _Kanada_

Stadt: _____

Lara

Land: _____

Stadt: _____

Laras
und Tims
Film

3 Das ist meine Familie.

a Hören Sie noch einmal und ordnen Sie zu.

Vater   Großeltern   Mutter

~~Eltern~~   Bruder   Mutter

A

Das sind Tims
Eltern _____ :
Tims _____
und Tims _____ .

B

Das ist Tims
_____ .

C

Das ist Laras _____ .

Das sind Laras _____ .

b Was ist richtig? Hören Sie und kreuzen Sie an.

1 ☒
Lara ist zwanzig Jahre alt.

2 ○
Lara hat Geschwister.

3 ○
Laras Vater lebt in Poznań.

1 ◀)) 35 **A1 Wie geht's? Hören Sie und ordnen Sie zu.**

1 Super.

2 Danke, sehr gut.

3 Gut, danke.

4 Na ja, es geht.

5 Ach, nicht so gut.

○   ○   ①  ○   ○

1 ◀)) 36-37 **A2 Wie geht es Ihnen?**

a Was ist richtig? Hören Sie und kreuzen Sie an.

1

Wie geht es …

Tim? ✗ ☹

Lara? ☺ ☹

2

Wie geht es …

Walter Baumann? ☺ ☹

Frau Jansen? ☺ ☹

b Wie geht es Ihnen? Hören Sie noch einmal und sprechen Sie dann mit Ihrem Namen.

1

◆ Hallo, Lara.

○ Hallo, Tim. Wie geht's?

◆ Danke, gut. Und wie geht es dir?

○ Auch gut, danke.

2

▲ Guten Morgen, Frau Jansen.

▢ Guten Morgen, Herr Baumann.
  Wie geht es Ihnen?

▲ Danke, sehr gut. Und Ihnen?

▢ Ach, nicht so gut.

c Kettenspiel: Fragen Sie und antworten Sie.

◆ Hassan, wie geht's?

○ Es geht. Dimitra, wie geht es dir?

▲ Danke, gut. Jenny, …

du	→	Wie geht's?	
		Wie geht es dir?	Gut, danke.
Sie	→	Wie geht's?	
		Wie geht es Ihnen?	

⇆ **A3 Sehen Sie die Bilder an: *du* oder *Sie*? Schreiben Sie Gespräche und sprechen Sie.**

A B C D

◆ Guten Tag.

○ Guten Tag, Frau Sánchez.
  Wie geht es Ihnen?

B Das ist **mein Bruder**.

B1 Wer ist das?

1 ◀)) 38 **a** Hören Sie und ordnen Sie zu.

meine Enkelin

meine Tochter

~~meine Frau~~

mein Sohn

ich

b Was ist richtig? Kreuzen Sie an.

Sofia ist …

☒ meine Schwester.
○ meine Oma.

Walter ist …

○ mein Mann.
○ mein Opa.

B2 Familienfotos

1 ◀)) 39

Ordnen Sie zu und hören Sie.
Variieren Sie dann.

~~Dein~~   mein   meine   Ihre

1
◆ Wer ist das? _Dein_ Bruder?
○ Nein, das ist _____ Vater.

2
▲ Wer ist das? _____ Tochter?
□ Nein, das ist _____ Enkelin Lili.

Varianten: Vater – Opa   Mutter – Oma   Tochter – Frau   …

mein	mein	meine	meine
Bruder	Kind	Tochter	Kinder

ich	du	Sie	
mein	dein	Ihr	Bruder
mein	dein	Ihr	Kind
meine	deine	Ihre	Tochter
meine	deine	Ihre	Kinder

🔁 B3 Rätsel

Ihre Familie: Schreiben Sie einen Namen auf einen Zettel.
Wer ist das? Ihre Partnerin / Ihr Partner rät.

◆ Wer ist María?
○ María ist deine Ehefrau.
◆ Nein, falsch.
○ María ist deine Schwester, oder?
◆ Ja, genau.

SCHON FERTIG? Planen Sie
ein Familienfest. Wer kommt?
Machen Sie eine Liste.
Beispiel: _meine Tochter_ …

C Er lebt in Poznań.

C1 Hören Sie und ordnen Sie zu.

~~ist~~ ist kommt lebt kommt leben spricht sind wohnen

Das _ist_ Lara. Sie _____

_____ aus Polen. Aus Lublin.

Laras Eltern _____

_____ nicht zusammen.

Sie _____ geschieden.

Laras Vater _____ in Poznań.

Das _____ Tim. Er

_____ aus Kanada. Er

_____ ein bisschen Deutsch.

Lara und Tim _____

jetzt in München.

er/sie	kommt	lebt	spricht	ist
sie/Sie	kommen	leben	sprechen	sind

Tim	→	er
Lara	→	sie
Lara und Tim	→	sie

C2 Das ist / sind ...

Lesen Sie die Informationen und schreiben Sie.

Tao Cheng
China
Österreich

Amir und Maya Navid
Iran
Deutschland

Aba Owusu
Ghana
Deutschland

Das sind Amir und Maya Navid. Sie kommen aus Iran. Jetzt leben sie in ...

C3 Der erste Arbeitstag

a Wer sagt das? Hören Sie und kreuzen Sie an.

Anisa

Clara   Merima

	Clara	Merima
1 Wie heißt du?	○	☒
2 Wer seid ihr?	○	○
3 Woher kommt ihr?	○	○
4 Wir kommen aus Bosnien.	○	○

wir	kommen	sind
ihr	kommt	seid

b Im Kurs: Gehen Sie zu zweit herum und fragen Sie andere Paare. Sprechen Sie mit Ihrem Namen.

◆ Hallo. Wer seid ihr?
○ Wir sind ... und ...
◆ Woher kommt ihr?
○ Wir kommen aus ...

◆ Hallo. Wer seid ihr?
○ Das ist ... und ich bin ...
◆ Woher kommt ihr?
○ Ich komme aus ... und ... kommt aus ...

D Zahlen und Personalien

1 ◀)) 42 D1 Hören Sie und sprechen Sie nach.

0	1	2	3	4	5	6	7	8	9	10
null	eins	zwei	drei	vier	fünf	sechs	sieben	acht	neun	zehn

11	12	13	14	15	16	17	18	19	20
elf	zwölf	dreizehn	vierzehn	fünfzehn	sechzehn	siebzehn	achtzehn	neunzehn	zwanzig

1 ◀)) 43 D2 Welche Telefonnummer hören Sie? Kreuzen Sie an.

1 ☒ 11 12 20   2 ○ 19 18 10   3 ○ 16 17 13
   ○ 12 11 20   ○ 19 16 10   ○ 16 17 03

1 ◀)) 44 D3 Hören Sie und lesen Sie das Gespräch.

Ergänzen Sie das Formular.

◆ Wie heißen Sie?
○ Isabel Flores Nevado.
◆ Woher kommen Sie?
○ Aus Spanien.
◆ Wo sind Sie geboren?
○ In Madrid.
◆ Wie ist Ihre Adresse?
○ Marktstraße 1, 20249 Hamburg.
◆ Wie ist Ihre Telefonnummer?
○ 7 8 8 6 3 9.
◆ Sind Sie verheiratet?
○ Nein, ich bin geschieden.
◆ Haben Sie Kinder?
○ Ja, zwei.
◆ Wie alt sind sie?
○ Meine Tochter ist acht und mein Sohn ist fünf.

Familienname	Flores Nevado
Vorname	
Heimatland	Spanien
Geburtsort	.
Straße	
Wohnort	20249 Hamburg
Telefonnummer	
Familienstand	

○ ledig   ○ verwitwet
○ verheiratet   ○ geschieden

Kinder
☒ ja 2 Alter 8 und 5
○ nein

ich	habe	
du	hast	ein Kind
er/sie	hat	

⇄ D4 Partnerinterview

a Markieren Sie die Fragen in D3 und fragen Sie
Ihre Partnerin / Ihren Partner.

Wo wohnen Sie?
Haben Sie Kinder?   Ja, eins/zwei/...
*   Nein.*
Wie alt ist Ihr Kind / sind Ihre Kinder?

b Schreiben Sie über Ihre Partnerin / Ihren Partner.

Familienname: Benhassi
Vorname: Adil
Heimatland: Marokko
Geburtsort: Safi
Wohnort: Düsseldorf

E1 Suchen Sie die Städte auf der Landkarte.

Was ist richtig? Kreuzen Sie an.

	🇩🇪	🇦🇹	🇨🇭
a Hamburg ist in	⊗	○	○
b Zürich ist in der	○	○	○
c Linz ist in	○	○	○
d Berlin ist die Hauptstadt von	○	○	○
e Wien ist die Hauptstadt von	○	○	○
f Bern ist die Hauptstadt der	○	○	○
g München liegt in Süd-...	○	○	○
h Kiel liegt in Nord-...	○	○	○

E2 Das bin ich!

a Lesen Sie die Texte und ergänzen Sie die Informationen.

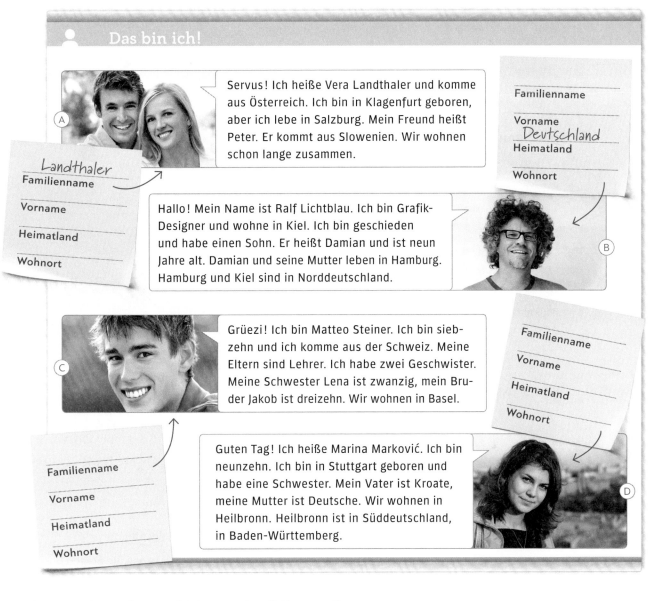

Das bin ich!

A Servus! Ich heiße Vera Landthaler und komme aus Österreich. Ich bin in Klagenfurt geboren, aber ich lebe in Salzburg. Mein Freund heißt Peter. Er kommt aus Slowenien. Wir wohnen schon lange zusammen.

Familienname _Landthaler_
Vorname
Heimatland
Wohnort

Familienname
Vorname _Deutschland_
Heimatland
Wohnort

B Hallo! Mein Name ist Ralf Lichtblau. Ich bin Grafik-Designer und wohne in Kiel. Ich bin geschieden und habe einen Sohn. Er heißt Damian und ist neun Jahre alt. Damian und seine Mutter leben in Hamburg. Hamburg und Kiel sind in Norddeutschland.

C Grüezi! Ich bin Matteo Steiner. Ich bin siebzehn und ich komme aus der Schweiz. Meine Eltern sind Lehrer. Ich habe zwei Geschwister. Meine Schwester Lena ist zwanzig, mein Bruder Jakob ist dreizehn. Wir wohnen in Basel.

Familienname
Vorname
Heimatland
Wohnort

Familienname
Vorname
Heimatland
Wohnort

D Guten Tag! Ich heiße Marina Marković. Ich bin neunzehn. Ich bin in Stuttgart geboren und habe eine Schwester. Mein Vater ist Kroate, meine Mutter ist Deutsche. Wir wohnen in Heilbronn. Heilbronn ist in Süddeutschland, in Baden-Württemberg.

b Lesen Sie noch einmal. Was ist richtig? Kreuzen Sie an.

(A)
☒ Vera Landthaler wohnt in Salzburg.
○ Sie kommt aus Slowenien.

(B)
○ Ralf Lichtblau hat ein Kind.
○ Ralf und Damian wohnen zusammen.

(C)
○ Matteos Mutter ist Lehrerin.
○ Matteo hat zwei Schwestern.

(D)
○ Marina Marković wohnt in Stuttgart.
○ Sie hat eine Schwester.

[**SCHON FERTIG?** Schreiben
  Sie einen Text über sich.

Grammatik und Kommunikation

Grammatik

1 Possessivartikel: *mein/e, dein/e, Ihr/e* `UG` 2.04

maskulin	neutral	feminin	Plural
mein Bruder	mein Kind	meine Tochter	meine Kinder
dein Bruder	dein Kind	deine Tochter	deine Kinder
Ihr Bruder	Ihr Kind	Ihre Tochter	Ihre Kinder

2 Verb: Konjugation `UG` 5.01

	leben*	heißen	sprechen
ich	lebe	heiße	spreche
du	lebst	heißt	sprichst
er/sie	lebt	heißt	spricht
wir	leben	heißen	sprechen
ihr	lebt	heißt	sprecht
sie/Sie	leben	heißen	sprechen

*auch so: *wohnen, lernen, kommen ...*

	sein	haben
ich	bin	habe
du	bist	hast
er/sie	ist	hat
wir	sind	haben
ihr	seid	habt
sie/Sie	sind	haben

Kommunikation

BEFINDEN: Wie geht's?

Wie geht's?	*(Danke,) Super. / Sehr gut. / Gut.* *Sehr gut, danke. / Gut, danke.*
Wie geht es Ihnen?	*Na ja, es geht.*
Wie geht es dir?	*Ach, nicht so gut.*
Und (wie geht es) Ihnen/dir?	*Auch gut, danke.*

ANDERE VORSTELLEN: Das ist mein Vater.

Das ist mein Vater / Tims Bruder. | *Sie/Er kommt aus ...* |
Sie/Er lebt in ... / Jetzt lebt sie/er in ...
Das sind meine Großeltern. | *Sie kommen aus ...* | *Sie leben in ...*

Ergänzen Sie.

Das ist ...

1 Das ist _____

2 _____

3 _____

Finden Sie noch vier Formen von *sein*.

A	B	I	S	T	R
L	E	R	E	N	O
K	B	E	I	S	T
S	I	N	D	V	S
O	N	D	R	U	H

`TiPP`

Lernen Sie Fragen und Antworten immer zusammen.

Ihr Bruder / Ihre Schwester / ...
Schreiben Sie.

Das ist ...
Sie/Er kommt aus ...
Sie/Er lebt in ...
Sie/Er spricht ...
Sie/Er hat ...

ANGABEN ZUR PERSON: Wo wohnen Sie?

Wo sind Sie geboren?   *Ich bin in Madrid geboren.*

Wo wohnen Sie?   *In Madrid.*
Ich lebe/wohne in Hamburg.
Ich wohne in der Marktstraße.

Wie ist Ihre Adresse?   *Marktstraße 1, 20249 Hamburg.*

Wie ist Ihre Telefonnummer?   *788639.*

Sind Sie verheiratet?   *Ja, ich bin verheiratet.*
Nein, ich bin ledig/verwitwet/geschieden.

Haben Sie Kinder?   *Ja, eins/zwei/...*
Nein.

Wie alt ist Ihr Kind?   *Acht.*

Wie alt sind Ihre Kinder?   *Acht und fünf.*

ORT: Hamburg ist in Deutschland.

Hamburg ist/liegt in Deutschland.
Wien ist die Hauptstadt von Österreich.
Hamburg und Kiel sind/liegen in Norddeutschland.
München ist/liegt in Süddeutschland.

STRATEGIEN: Ja, genau.

Na ja, ... | *Ach, ...* | *Ja, genau.* | *Nein, falsch.*

Ergänzen Sie das Formular.

Name:

Geburtsort:

Wohnort:

Telefonnummer:

Familienstand:

Sie möchten noch mehr üben?

1 | 45-47 🔊 AUDIO-TRAINING   🎬 VIDEO-TRAINING

Lernziele

Ich kann jetzt ...

A ... sagen und andere fragen: Wie geht es dir?
  Wie geht es Ihnen? – Danke, sehr gut. _____ ☺ ☺ ☹

B ... meine Familie vorstellen:
  Das ist mein Vater. _____ ☺ ☺ ☹

C ... meinen Wohnort sagen:
  Ich komme aus Bosnien. Ich wohne jetzt in Deutschland. _____ ☺ ☺ ☹

D ... bis 20 zählen: *null, eins, zwei, ...* _____ ☺ ☺ ☹

  ... Fragen zu meiner Person verstehen und beantworten:
  Wo sind Sie geboren? – In Madrid. _____ ☺ ☺ ☹

  ... ein Formular ausfüllen:
  Familienname: Flores Nevado; Vorname: Isabel; Wohnort: ... _____ ☺ ☺ ☹

E ... einfache Informationen verstehen:
  Ich bin geschieden und habe einen Sohn. _____ ☺ ☺ ☹

Ich kenne jetzt ...

... 5 Wörter zum Thema *Familie*:

Oma, ...

... 3 Wörter zum Thema *Familienstand*:

ledig, ...

Ich heiße Esila.

Sehen Sie den Film an. Was ist richtig?
Kreuzen Sie an.

1 ○ Esila ist sechzehn.

2 ⊗ Esila ist in St. Pölten geboren.

3 ○ Esila wohnt in Wien.

4 ○ Esila hat eine Schwester.

5 ○ Zafer Kartal ist Türke und spricht sehr gut Deutsch.

6 ○ Oma Nilüfer spricht gut Deutsch.

7 ○ Oma Krisztina und Opa Walter wohnen in Wien.

8 ○ Opa Walter kommt aus Ungarn.

9 ○ Oma Krisztina ist Österreicherin.

Kettenspiel

Bilden Sie Gruppen.
Jede/r sagt drei Sätze über sich.

Ich heiße Gülcan Ünal. Ich bin in Izmir geboren. Ich spreche ein bisschen Deutsch.

Das ist Gülcan Ünal. Sie ist in Izmir geboren. Sie spricht ein bisschen Deutsch. Ich bin Sergej Kizilov. Ich komme aus Russland. Ich bin verheiratet.

Das ist Gülcan Ünal. Sie ist in Izmir geboren. Sie spricht ein bisschen Deutsch. Das ist Sergej Kizilov. Er kommt aus Russland. Er ist verheiratet. Ich heiße Ibrahim Saada. Ich komme aus Beirut. Meine Frau heißt Rabia.

Das ist Gülcan Ünal. Sie ist ...

Kurs-Kontaktliste

1 Arbeiten Sie zu zweit. Ergänzen Sie den Fragebogen
für Ihre Partnerin / Ihren Partner.

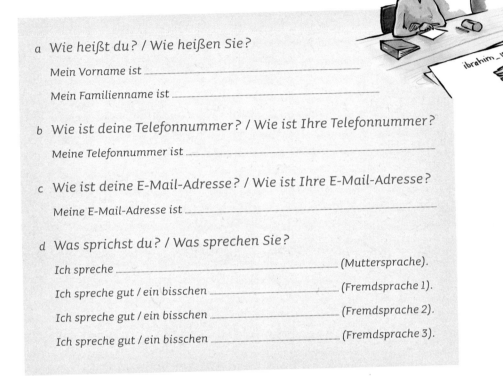

a Wie heißt du? / Wie heißen Sie?

Mein Vorname ist ....

Mein Familienname ist ....

b Wie ist deine Telefonnummer? / Wie ist Ihre Telefonnummer?

Meine Telefonnummer ist ....

c Wie ist deine E-Mail-Adresse? / Wie ist Ihre E-Mail-Adresse?

Meine E-Mail-Adresse ist ....

d Was sprichst du? / Was sprechen Sie?

Ich spreche .... (Muttersprache).

Ich spreche gut / ein bisschen .... (Fremdsprache 1).

Ich spreche gut / ein bisschen .... (Fremdsprache 2).

Ich spreche gut / ein bisschen .... (Fremdsprache 3).

2 Machen Sie eine Kontaktliste.

Vorname	Familienname	Telefonnummer	E-Mail-Adresse
Ibrahim	Saada	0170-97993410	Ibrahim_19@gmail.com

3 Im Kurs: Welche Sprachen sprechen Sie?
Machen Sie eine Kursstatistik. Sammeln Sie
dazu Informationen aus den Fragebogen.

Sprachen im Kurs

Englisch   Spanisch

II   I

Einkaufen

Folge 3: Bananenpfannkuchen

1 Sehen Sie die Fotos an. Welche Wörter kennen Sie schon? Zeigen Sie.

Bananen   Butter   Eier   Mehl   Milch   Zucker   Pfannkuchen   Schokolade   …

1 ◄)) 48-55   **2 Was ist richtig? Hören Sie und kreuzen Sie an.**

a Lara und Sofia haben ☒ Milch. ○ Butter. ○ Zucker. ○ Pfannkuchen. ○ Mehl.
b Sie brauchen ○ Bananen. ○ Eier. ○ Schokolade. ○ Pfannkuchen.
c Lili kauft ○ Bananen. ○ Eier. ○ Schokolade. ○ Schokoladeneier.
d Herr Meier hat ○ Bananen. ○ Eier. ○ Milch. ○ Schokolade.

Laras Film

3 Welches Foto passt? Ordnen Sie zu. Hören Sie dann noch einmal und vergleichen Sie.

Foto

a Möchtest du Pfannkuchen? ②
b Nein, wir haben kein Ei. ○
c Ich habe Hunger. ○
d Superlecker ... Bananenpfannkuchen! ○
e Kaufst du bitte zehn Eier? ○
f Das ist ein Schokoladenei. ○
g Das macht dann zusammen 3 Euro 87. ○
h Kann ich dir helfen? ○

4 Gibt es in Ihrem Land auch Pfannkuchen?
Wie heißen *Pfannkuchen* in Ihrer Sprache? Erzählen Sie.

> *Wir haben in Sri Lanka auch Pfannkuchen. Sie heißen „Hoppers".*

A Haben wir Zucker?

A1 Ordnen Sie zu.

◯ Fleisch	◯ Tee	⑧ Reis
◯ Bier	◯ Brot	◯ Zucker
◯ Käse	◯ Wein	⑩ Fisch
◯ Salz	◯ Mineralwasser	◯ Mehl

1 ◀)) 56 A2 Sehen Sie das Bild an.

Hören Sie und variieren Sie.

◆ Haben wir Zucker ?
○ Ja. 😃

◆ Haben wir Brot ?
○ Nein. 😢

Varianten: Mehl Reis Bier Mineralwasser Fisch Fleisch Wein

Haben wir Zucker?	Ja.
	Nein.

1 ◀)) 57 A3 Hören Sie und spielen Sie weitere Gespräche.

◆ Entschuldigung.
Haben Sie Eier?
○ Eier? Ja, natürlich.
Hier, bitte.
◆ Und haben Sie auch Milch?
○ Nein, tut mir leid.

Eier 😃
Bananen 😢
Milch 😢
Zucker 😃
Schokolade 😃

A4 Einkaufszettel

a Was haben Sie zu Hause?
Zeichnen Sie
oder schreiben Sie.

b Fragen Sie Ihre Partnerin / Ihren Partner. Was braucht sie/er?
Schreiben Sie dann einen Einkaufszettel für Ihre Partnerin / Ihren Partner.

◆ Kim, brauchst du Käse?
○ Nein.

◆ Brauchst du Reis?
○ Ja.

Kims Einkaufszettel
– Reis
– ...

1 ◀)) 58 **B1 Hören Sie und ordnen Sie zu.**

ein ~~kein~~ keine

◆ Das ist doch _Kein_ Ei!
Das ist Schokolade.

○ Nein, das ist _____
Schokolade. Das ist
_____ Schokoladenei.

• ein Apfel	• kein Apfel
• ein Ei	• kein Ei
• eine Birne	• keine Birne

B2 Was ist das? Zeigen Sie und sprechen Sie. Arbeiten Sie auch mit dem Wörterbuch.

• ein Ei • eine Banane • ein Apfel • eine Orange • ein Kuchen • ein Kaffee
• ein Saft • ein Brötchen • ein Würstchen • eine Birne • eine Tomate • eine Kiwi

◆ Wie heißt das auf Deutsch?
○ Das ist eine Orange.
◆ Und was ist das?
○ Das ist ein Würstchen.

B3 Ergänzen Sie.

a
Das ist kein Apfel.
Das ist _eine Tomate_ .

b
Das ist keine Kiwi.
Das ist _____ .

c
Das ist keine Tomate.
Das ist _____ .

d
Das ist kein Kuchen.
Das ist _____ .

e
Das ist kein Würstchen.
Das ist _____ .

f
Das ist keine Birne.
Das ist _____ .

⇆ **B4 Spiel: Zeichnen Sie. Die anderen raten:
Was ist das?**

◆ Ist das ein Würstchen?
○ Nein, das ist kein Würstchen.
◆ Eine Banane?
○ Ja, genau. Das stimmt.

C Kaufst du bitte zehn **Eier**?

1 🔊 59 **C1 Hören Sie und ordnen Sie zu.**

Eier   Bananen   ~~Pfannkuchen~~

A

B

C

zehn _____   zwei _____   zwanzig _Pfannkuchen_ _____

C2 Ordnen Sie zu.

~~Kiwis~~   ~~Äpfel~~   Orangen   Brote   Eier
Bananen   Tomaten   Birnen   Würstchen

Im Einkaufswagen
sind _keine_
○ Äpfel
○ ...

Im Einkaufs-
wagen sind
○ Kiwis
○ ...

• ein	Apfel	•	Äpfel
• ein	Kuchen	•	Kuchen
• ein	Brot	•	Brote
• ein	Ei	•	Eier
• eine	Banane	•	Bananen
• eine	Kiwi	•	Kiwis

• kein	Apfel	•	keine Äpfel
• kein	Ei	•	keine Eier
• keine Kiwi		•	keine Kiwis

C3 Suchen Sie im Wörterbuch und ergänzen Sie.

eine Kartoffel   ein Joghurt   eine Zwiebel   ein Fisch

zwei Kartoffeln
drei ...
vier ...

die Kar|tof|fel [kar'tɔfl]; -, -n: *außen braunes, innen gelbes Gemüse, das unter der Erde wächst:* feste, mehlige Kartoffeln; rohe, gekochte Kartoffeln; Kartoffeln schälen, pellen, abgießen. *Syn.:* Erdapfel (bes. österr.). *Zus.:* Speisekartoffel, Winterkartoffel.

die Kartoffel

🔁 **C4 Suchbild: Was ist in Regal B anders?**
Sprechen Sie mit Ihrer Partnerin /
Ihrem Partner und finden
Sie die sieben Unterschiede.

A

B

In Regal A sind drei Bananen.

In Regal B sind keine Bananen.

[**SCHON FERTIG?** Was kaufen
Sie oft? Suchen Sie
die Wörter im Wörterbuch.

1 ◀)) 60 **D1 Zahlen: Hören Sie und verbinden Sie.**

a 0,20 €   dreißig Cent   f 0,70 €   siebzig Cent
b 0,30 €   sechzig Cent   g 0,80 €   hundert Cent / ein Euro
c 0,40 €   zwanzig Cent   h 0,90 €   achtzig Cent
d 0,50 €   fünfzig Cent   i 1,00 €   neunzig Cent
e 0,60 €   vierzig Cent

80   85   41

achtzig   fünfundachtzig   einundvierzig

1 ◀)) 61-63 **D2 Preise: Was ist richtig? Hören Sie und kreuzen Sie an.**

a ☒ Brötchen: 0,35 €   ○ Brötchen: 0,30 €   ○ Brötchen: 0,10 €
b ○ Eier: 0,20 €   ○ Eier: 1,20 €   ○ Eier: 2,20 €
c ○ Fisch: 0,99 €   ○ Fisch: 2,99 €   ○ Fisch: 2,00 €

D3 Sehen Sie den Prospekt an. Fragen Sie und antworten Sie.

◆ Was kosten 100 Gramm Käse?

◎ 100 Gramm Käse kosten ...

◆ Wie viel kostet ein Kilo Hackfleisch?

◎ ...

1 kg	= ein Kilo(gramm)	eine Flasche Saft
100 g	= 100 Gramm	eine Packung Tee
500 g	= ein Pfund	eine Dose Tomaten
1 l	= ein Liter	ein Becher Sahne

Was kostet / Wie viel kostet	ein Kilo Orangen?
Was kosten / Wie viel kosten	100 Gramm Käse / sechs Eier?

E Einkaufen und kochen

E1 Auf dem Markt

a Was kauft Herr Graf? Hören Sie und kreuzen Sie an. ○ Kartoffeln. ○ Äpfel. ○ Eier.

b Wer sagt das? Kreuzen Sie an und hören Sie dann noch einmal.

	Verkäuferin	Kunde
Guten Tag. Ich hätte gern Kartoffeln.	○	☒
Gern. Wie viel möchten Sie denn?	○	○
Ich brauche auch noch Äpfel.	○	○
Ja, bitte. Haben Sie Eier?	○	○
Nein, tut mir leid.	○	○
Nein, danke. Das ist alles.	○	○

E2 Rollenspiel

a Was brauchen Sie heute? Spielen Sie ein Gespräch mit Ihrer Partnerin / Ihrem Partner.

Verkäuferin/Verkäufer

◆ Bitte schön?
Kann ich Ihnen helfen?

◆ Wie viel (brauchen/
möchten Sie denn)?

◆ Gern./Hier, bitte. (Möchten
Sie) Sonst noch etwas?

◆ (Das macht/kostet dann) ... Euro, bitte.

Kundin/Kunde

○ Ich möchte | Birnen.
○ Ich hätte gern | Spinat.
○ Ich brauche | Brötchen.
○ Wo finde ich | ...?
○ Haben Sie | ...?

○ Ein Pfund Brot.
○ Ein Kilo Lauch.
○ Drei Birnen.
○ 100 Gramm Speck.
○ ...

○ Nein, danke. Das ist alles.

„möchte"	
ich	möchte
du	möchtest
er/sie	möchte
wir	möchten
ihr	möchtet
sie/Sie	möchten

⇄ **b** Spielen Sie weitere Gespräche. Tauschen Sie auch die Rollen.

1 **IM OBST- UND GEMÜSELADEN**

Verkäuferin/Verkäufer	Kundin/Kunde
3 Birnen kosten 1,40 €. 1 Kilo Lauch kostet 3,60 €. 1 Pfund Spinat kostet 1,40 €.	Sie möchten Obst und Gemüse kaufen: 3 Birnen, 1 Kilo Lauch und 1 Pfund Spinat.

2 **IN DER BÄCKEREI**

Verkäuferin/Verkäufer	Kundin/Kunde
Ein Brötchen kostet 0,30 €. 1 Pfund Brot kostet 1,50 €.	Sie brauchen 10 Brötchen und 1 Pfund Brot.

3 **AN DER FLEISCHTHEKE**

Verkäuferin/Verkäufer	Kundin/Kunde
100 Gramm Hackfleisch kosten 0,50 €. 100 Gramm Speck kosten 1,60 €.	Sie möchten 1 Kilo Hackfleisch und 100 Gramm Speck.

E3 Teigtaschen: internationale Rezepte

a Wo heißen Teigtaschen so? Lesen Sie den Text und ergänzen Sie.

Maultaschen _Deutschland_
Jiǎozi _____
Pelmeni _____
Mantı _____

b Lesen Sie noch einmal. Was brauchen Sie für alle Teigtaschen? Kreuzen Sie an.

○ Mehl ○ Eier ○ Zwiebeln ○ Hackfleisch ○ Salz ○ Wasser

🔍 Teigtaschen   Kategorie (Rezepte)

Schwäbische Maultaschen (weiter)

Hallo, ich bin Rudi. Ich komme aus Baden-Württemberg. Hier ist mein Rezept für „Schwäbische Maultaschen"*:

* So heißen die Teigtaschen in Süddeutschland.

Rudi, Heilbronn

Teig: Sie brauchen 750 g Mehl, sechs Eier, Wasser und Salz. Füllung: Sie brauchen zwei Brötchen, 50 g Lauch, 250 g Spinat, 50 g Speck, eine Zwiebel, ein Kilo Hackfleisch, vier Eier, Salz, Pfeffer, Muskat und Majoran.

Jiǎozi (weiter)

Guten Tag, mein Name ist Lian. Ich komme aus Schanghai. In China haben wir natürlich auch Teigtaschen. Sie heißen Jiǎozi.

Lian, Schanghai

Möchten Sie Original Jiǎozi machen? Sie brauchen nur 400 g Mehl, 100 ml Wasser und für die Füllung Hackfleisch.

Pelmeni (weiter)

Hallo, ich bin Oleg und komme aus Russland. Ich lebe in Nischni Nowgorod und ich liebe Teigtaschen! Hier heißen sie Pelmeni. Das ist mein Pelmeni-Rezept:

Oleg, Nischni Nowgorod

Sie brauchen 400 g Mehl, zwei Eier, Wasser und Salz für den Teig. Für die Füllung brauchen Sie 400 g Hackfleisch, Butter und Sahne, zwei Zwiebeln, Knoblauch, Salz, Pfeffer und Schmand.

Mantı (weiter)

Hallo! Ich bin Günay und komme aus der Türkei. Ich lebe in Berlin und in Izmir. Wir Türken haben auch Teigtaschen. Sie heißen Mantı. Hier kommt mein Mantı-Rezept:

Günay, Berlin

Sie brauchen 375 g Mehl, 100 ml Wasser, ein Ei, eine Zwiebel, 250 g Hackfleisch, Petersilie, Knoblauch, Salz und Pfeffer, ein wenig Butter und 600 g Joghurt.

_Georgien: Chinkali
Teig: Mehl, Wasser, Salz, Ei
Füllung: Hackfleisch, Zwiebeln, ..._

📱 E4 Kennen Sie auch Teigtaschen?

Wie heißen sie in Ihrem Land?
Was brauchen Sie für die Teigtaschen?
Schreiben Sie und zeigen Sie ein Foto.

Grammatik und Kommunikation

Grammatik

1 Ja-/Nein-Frage **ÜG** 10.03

Frage			Antwort
Position 1			
Haben	wir	Zucker?	Ja.
Brauchst	du	Reis?	Nein.

Merke:

Wir haben Zucker.

Haben wir Zucker?

2 Fragen: Ja-/Nein-Frage und W-Frage **ÜG** 10.03

Frage			Antwort
	Position 2		
Was	brauchen	Sie?	Eier.
Brauchen	Sie	Salz?	Ja./Nein.

3 Artikel: indefiniter Artikel und Negativartikel **ÜG** 2.01–2.03

	unbestimmter Artikel	Negativartikel
	Das ist …	
Singular	• ein Apfel.	• kein Apfel.
	• ein Ei.	• kein Ei.
	• eine Banane.	• keine Banane.
	Das sind …	
Plural	• – Birnen.	• keine Birnen.

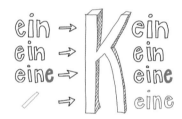

4 Nomen: Singular und Plural **ÜG** 1.02

Singular	Plural
• ein Apfel	• Äpfel
• ein Kuchen	• Kuchen
• ein Brot	• Brote
• ein Ei	• Eier
• eine Banane	• Bananen
• eine Kiwi	• Kiwis

Was kaufen Sie oft? Was kaufen Sie nie? Notieren Sie.

Ich kaufe oft:
Äpfel …

Ich kaufe nie:
Würstchen …

5 Verb: Konjugation **ÜG** 5.10

„möchte"	
ich	möchte
du	möchtest
er/sie	möchte
wir	möchten
ihr	möchtet
sie/Sie	möchten

Kommunikation

NACHFRAGEN: Wie heißt das auf Deutsch?

Was ist das?
Das ist doch kein Ei.
Ist das ein Würstchen?
Wie heißt das auf Deutsch?

Das ist eine Orange.
Ja, genau. Das stimmt. / Nein.
(Das ist ein) Apfel.

BEIM EINKAUFEN: Bitte schön?

Kann ich Ihnen helfen?
Kann ich dir helfen?
Bitte schön?

Wo finde ich Brötchen?
Ich hätte gern Kartoffeln.
Haben Sie Eier?
Ich möchte Birnen.

Wie viel (brauchen/möchten Sie denn)?
Was / Wie viel kostet ein Kilo Orangen?

Ein Kilo.
Das macht/kostet (dann) 2 Euro 50, bitte.

Was / Wie viel kosten 100 Gramm Käse?

100 Gramm Käse kosten 2 Euro 45.

Gern. / Hier, bitte. (Möchten Sie) Sonst noch etwas?

Ja, bitte. / Nein, danke. Das ist alles.

MENGENANGABEN: ein Liter Milch

100 Gramm Käse | eine Flasche Saft | ein Liter Milch
ein Pfund Brot | eine Packung Tee | ein Becher Sahne
ein Kilo Orangen | eine Dose Tomaten

PREISE: ein Euro zehn

0,10 € = zehn Cent | 1,00 € = ein Euro | 1,10 € = ein Euro zehn

STRATEGIEN: Ja, bitte.

Ja, natürlich. | Nein, tut mir leid. | Ja, bitte. | Nein, danke.

Schreiben Sie Fragen und Antworten.
Meine Frage: Was ist das ?
Antwort: Das ist ... .
Meine Frage: ?
Antwort: .

Schreiben Sie ein Gespräch.
V: Bitte schön?
K: ...
V:
K:
Verkäufer = V, Kunde = K

Sie möchten noch mehr üben?

 1 | 65-67 AUDIO-TRAINING

 VIDEO-TRAINING

Lernziele

Ich kann jetzt ...

A ... einen Einkaufszettel schreiben:
Käse, Tee, Eier ... ☺ ☺ ☹

B ... nach einem Wort fragen:
Wie heißt das auf Deutsch? ☺ ☺ ☹

C ... Mengen nennen:
zwei Bananen, ein Kilo Kartoffeln ... ☺ ☺ ☹

D ... Preise und Mengen von Lebensmitteln sagen und verstehen:
Was kosten 100 Gramm Käse? – 2,45 €. ☺ ☺ ☹

E ... sagen: Das möchte ich kaufen:
Kann ich Ihnen helfen? – Ich hätte gern Kartoffeln. ☺ ☺ ☹
... ein einfaches Rezept lesen ☺ ☺ ☹

Ich kenne jetzt ...

... 8 Obst- und Gemüsesorten:
Tomate, ...

... 5 Mengenangaben:
Kilogramm, Becher, ...

Zwischendurch mal ...

Das Lebensmittel-Alphabet

Sammeln Sie Lebensmittel von A bis Z. Arbeiten Sie auch mit dem Wörterbuch.

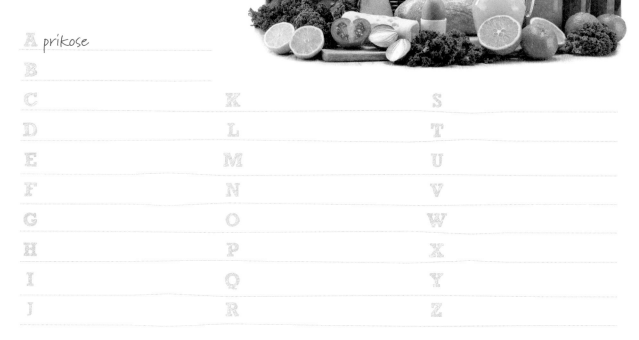

A prikose

B

	K	S
C	K	S
D	L	T
E	M	U
F	N	V
G	O	W
H	P	X
I	Q	Y
J	R	Z

Opas Kartoffelsalat

1 Sehen Sie den Film an. Was braucht Frau Hagen? Ergänzen Sie den Einkaufszettel.

2 Was meinen Sie? Ist Opas Kartoffelsalat gut?

2 K _ _ _ Kartoffeln

_ Salatgurke

1 Glas saure Gurken

1 Bund Frühlingszwiebeln

_ Knoblauchzehe

1 Glas Mayonnaise

1 B _ _ _ _ Joghurt

W _ _ _ _ und Essig

S _ _ _ und Pfeffer

Ein Gericht aus meinem Heimatland

1 Was brauchen Sie?
Schreiben Sie einen
Einkaufszettel.

Kartoffeln,
Zwiebeln,
Eier, Salz ...

2 Kochen Sie das Gericht zu Hause
und machen Sie ein Foto.
Zeigen Sie das Foto im Kurs.

3 Machen Sie nun ein „Kurs-Kochbuch".

Tortilla
aus Spanien

500 g Kartoffeln
150 g Zwiebeln
4 Eier
250 ml Olivenöl
Salz

Der kleine Mann: Kiosk

1 Lesen Sie den Comic.
2 Schreiben Sie die Geschichte neu.

◇ Haben Sie Käsebrötchen?
● ...

Käsebrötchen   Wurstbrötchen   Fischbrötchen   Kuchen   Hunger

Meine Wohnung

Folge 4: Ach so!

1 Sehen Sie die Fotos an.

a Was meinen Sie? Wo sind Tim und Lara?   ○ in Laras Wohnung   ○ in Tims Wohnung

b Zeigen Sie.   • eine Lampe   • ein Zimmer   • eine Küche   • ein Bad

c Was meinen Sie? Kreuzen Sie an.

1 Die Lampe ist

✗ alt.   ○ neu.

2 Das Bad ist

○ groß.   ○ klein.

5 Die Küche ist

○ schön.

○ hässlich.

3 Laras Zimmer ist

○ hell.    ○ dunkel.

4 Laras Zimmer ist

○ teuer.    ○ billig.

Laras Film

1 ◀)) 68-75 **2 Hören Sie und vergleichen Sie.**

1 ◀)) 68-75 **3 Was ist richtig? Hören Sie noch einmal und kreuzen Sie an.**

    a ○ Walter hat eine Lampe für Lara.
    b ○ Walter kennt Tim.
    c ○ Lara, Sofia und Lili wohnen zusammen.
    d ○ Laras Zimmer ist groß, hell und teuer.
    e ○ Tims Zimmer ist dunkel, hässlich und teuer.
    f ○ Walter wohnt auch in der Wohnung.
    g ○ Sofia ist die Tochter von Walter und die Mutter von Lara.

A **Das Bad** ist dort.

A1 Sofias Traumwohnung
Ordnen Sie zu.

- ○ • das Schlafzimmer
- ○ • das Bad
- ○ • der Flur
- ○ • das Arbeitszimmer
- ○ • die Küche
- 10 Laras Zimmer
- ○ • das Kinderzimmer
- ○ • die Toilette
- ○ • der Balkon
- ○ • das Wohnzimmer

Meine Traumwohnung hat fünf Zimmer!

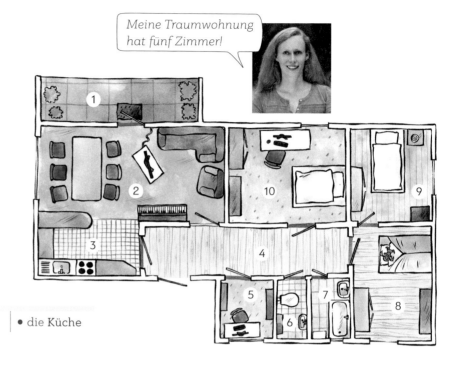

| • der Flur | • das Bad | • die Küche |

A2 Das ist das Haus.

a Hören Sie das Gespräch und ergänzen Sie *der*, *das* oder *die*.

ein Balkon	→	• der Balkon
ein Bad	→	• das Bad
eine Küche	→	• die Küche

- ◆ Das ist _das_ Haus. Schön, nicht?
- ○ Na ja. Schön und teuer.
  Sagen Sie mal, ist hier auch ein Arbeitszimmer?
- ◆ Ja, natürlich! _____ Arbeitszimmer ist dort.
- ▲ Und ist hier auch eine Küche?
- ◆ Natürlich. Hier ist _____ Flur.
  Und dort ist _____ Küche.

b Variieren Sie.

- ◆ Sagen Sie mal, ist hier auch ein Arbeitszimmer?
- ○ Ja, natürlich! Das Arbeitszimmer ist dort.

Varianten:

- • das Schlafzimmer • die Küche • das Bad • die Toilette • der Balkon

| Wo? | Hier. •
Dort. → • |

⇄ A3 Meine Traumwohnung: Zeichnen Sie und sprechen Sie.

- ◆ Das ist meine Wohnung.
- ○ Oh, schön! Wo ist denn die Küche?
- ◆ Hier.

- ○ Ist das hier das Bad?
- ◆ Ja, das hier ist das Bad.

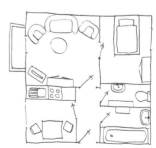

LEKTION 4 **48** achtundvierzig

1 🔊 77 B1 Was ist richtig? Hören Sie und kreuzen Sie an.

◆ Das Zimmer ist ☒ sehr ○ nicht schön. Aber es ist teuer, oder?

◉ Nein. Das Zimmer ist ○ sehr ○ nicht teuer.
Es kostet 150 Euro.

◆ 150 Euro? Du, das ist aber ○ sehr ○ nicht billig.
Mein Zimmer kostet 350 Euro im Monat.

Das Zimmer ist	teuer.
	sehr teuer.
	nicht teuer.

- der Balkon → er
- das Bad → es
- die Wohnung → sie

B2 Eine neue Wohnung

a Lesen Sie die Nachrichten und
markieren Sie wie im Beispiel.

> Hallo Felix, wie ist die neue Wohnung?

>> Nicht so schön. Sie ist groß,
aber sehr dunkel.

> Und das Bad?

>> Es ist klein und auch dunkel. ☹

> Ist dort auch ein Flur?

>> Ja. Er ist sehr klein.

b Lesen Sie die Nachrichten und
ergänzen Sie *er*, *es* oder *sie*.

> Und? Wie ist dein Zimmer in Leipzig?

>> .... ist klein, aber sehr hell. Der
Balkon ist schön. .... ist sehr groß.

> Was, ein Zimmer mit Balkon? Super!

>> Die Küche ist aber nicht so schön.
.... ist klein und hässlich.

🔁 B3 Partnerspiel: Wo wohne ich? Raten Sie.

◆ Wo wohne ich? Mein Haus ist sehr schmal.
Es ist nicht teuer. Und es ist schön.

◉ Ist es hell?

◆ Nein, es ist dunkel.

◉ Wohnst du in Haus D?

◆ Ja, richtig.

neu	↔	alt	breit	↔	schmal
billig	↔	teuer	schön	↔	hässlich
groß	↔	klein	hell	↔	dunkel

A

B

C

D

E

F

C1 Was ist was? Ordnen Sie zu und ergänzen Sie.

- die Lampe - der Schrank - der Kühlschrank - das Sofa - der Tisch - der Stuhl
- das Bett - die Waschmaschine - der Fernseher - die Dusche - der Herd
- die Badewanne - das Waschbecken - der Teppich - das Regal - der Sessel

Möbel	Elektrogeräte	das Bad
3 der Schrank	1 die Lampe	9 die Dusche

C2 Wie gefallen dir ...?

1 ◀) 78 **a** Hören Sie und ergänzen Sie *der, das* oder *die*.

◆ Hier sind Stühle und Tische.
   Wie gefallen Ihnen denn _die_ Stühle?

○ Sehr gut. Die Farbe ist sehr schön.

▲ Das finde ich auch. Und hier – wie gefällt dir _____ Tisch?

○ Nicht so gut. Er ist sehr groß.
   Aber hier, wie gefällt dir _____ Teppich?

▲ Gut. Er ist sehr schön.

○ Schau mal! Wie gefällt dir _____ Lampe dort?

▲ Ganz gut. Sie ist sehr modern!
   Sagen Sie, wo sind denn _____ Betten?

◆ Sie sind dort.

▲ Ah ja, danke.

◆ Schauen Sie, hier. Wie gefällt Ihnen _____ Bett hier?

○ Es geht.

der Stuhl		Stühle
der Tisch	→ ● die/zwei	Tische
–		Möbel

b Markieren Sie in a und ergänzen Sie.

Wie gefällt dir/Ihnen der Tisch?
Wie gefallen dir/Ihnen die Betten?

☹   😐   ☺   ☺ ☺

 *ganz gut* / *sehr gut*

c Sehen Sie die Möbel in C1 an und sprechen Sie.

Wie gefällt dir der Teppich?

Wie gefallen dir denn die Stühle?

Nicht gut. Er ist hässlich.

Sehr gut. Sie sind sehr modern.

⇆ C3 In Ihrer Wohnung

Sprechen Sie mit Ihrer Partnerin /
Ihrem Partner über Ihre Möbel.

◆ Mein Kühlschrank ist dunkelrot.
   Und dein Kühlschrank?

○ Mein Kühlschrank ist weiß.
   Meine Stühle sind schwarz.
   Und deine ...?

◆ Meine ...

schwarz
grau
weiß   braun
grün   blau
rot
gelb

hell	⟷	dunkel
hellrot ⬮	⟷	dunkelrot ⬤

D Wohnungsanzeigen

1 ◀)) 79 **D1 Hören Sie und sprechen Sie nach.**

100	**200**	**300**	**400**	**500**	**600**	**700**
(ein-)hundert	zweihundert	dreihundert	vierhundert	fünfhundert	sechshundert	siebenhundert

800	**900**	**1.000**	**10.000**	**100.000**	**1.000.000**
achthundert	neunhundert	tausend	zehntausend	hunderttausend	eine Million

1 ◀)) 80-82 **D2 Was ist richtig? Hören Sie und kreuzen Sie an.**

1 Was kostet
das Sofa?

○ 92 €
○ 299 €
○ 2.099 €

2 Wie ist die
Telefonnummer?

○ 708 101
○ 107 801
○ 701 108

3 Wie groß ist das
Kinderbett?

○ 60 cm x 120 cm
○ 60 cm x 160 cm
○ 160 cm x 120 cm

1 cm = ein Zentimeter

60 x 120 cm = sechzig mal
hundertzwanzig Zentimeter

D3 Diktieren Sie Ihrer Partnerin / Ihrem Partner. Sie/Er schreibt.

> Meine Nummer
> zu Hause ist …

> Meine Handynummer ist …

> Meine Nummer
> bei der Arbeit ist …

D4 Lesen Sie die Anzeigen und markieren Sie in zwei Farben.

Wie groß ist die Wohnung?
Was kostet sie im Monat?

A

Nettes Ehepaar mit Kind
sucht eine **3-4-Zimmer-
Wohnung mit Garten
für 1 Jahr, bis 1.100,– €
warm,** Tel. 0179/770 22 61

1 qm / 1 m² =
ein Quadratmeter

B **Vermiete Apartment,
36 m²,** großer Wohn-
raum, neue Küche,
440,– €, Nebenkosten
60,– €, 3 Monatsmieten
Kaution, Tel. 23 75 95

D !! Frau (35 Jahre) sucht ab sofort
2-Zi.-Whg. mit Balkon in Germering
bis **max. 750 € Warmmiete.** Ich
freue mich auf Ihren Anruf unter
Telefon 0175 / 657 80 57 37 !!

C **Super:** 3-Zimmer-Wohnung,
13. Stock, ca. 60 m², Küche,
Bad, **von privat**, 950 Euro,
Tel. 08161/88 75 80, ab 19 Uhr

E Schöne möblierte
1-Zi.-Wohnung,
ca. 33 m², Balkon,
TV, Einbauküche,
588,– € + Garage,
Tel. 0179 / 201 45 93

D5 Sie suchen eine Wohnung. Welche Anzeige passt? Ergänzen Sie.

a Sie möchten eine Wohnung mit Balkon.   E

b Sie möchten nur 400 bis 500 Euro Miete bezahlen.   _____

c Sie brauchen drei Zimmer.   _____

[**SCHON FERTIG?** Sie suchen
eine Wohnung. Schreiben
Sie eine Anzeige.

1 ◀)) 83   **E1 Was ist richtig? Hören Sie das Telefongespräch und kreuzen Sie an.**

    a   Wer verkauft etwas?   ○ Frau Häusler   ○ Herr Schuster
    b   Was verkauft er/sie?   ○ Computertisch   ○ Schreibtisch

1 ◀)) 83   **E2 Hören Sie noch einmal und ordnen Sie die Fragen zu.**

Sind Sie heute zu Hause?   ~~Welche Farbe hat der Tisch?~~   Und wie groß ist er?   Und wo wohnen Sie, bitte?

*Schreibtisch, sehr schön,
nur ein Jahr alt. 120 €.
Tel.: 089/ 83 81 293*

◆ Schuster. Hallo.

◆ Stimmt.

◆ Also, der Tisch ist dunkel, dunkelbraun.

◆ Ungefähr zwei Meter lang und 60 Zentimeter breit.

◆ Na ja, genau ist er zwei Meter und zwei Zentimeter lang.

◆ Ja, bin ich.

◆ In der Schellingstraße 76.

○ Hallo, hier ist Häusler. Sie verkaufen doch einen Schreibtisch, richtig?

○ Gut. *Welche Farbe hat der Tisch?*

○ Aha, das ist gut, ja.

○ Hm ... Wie lang ist er denn genau?

○ Aha, gut!
Ich möchte den Tisch gern ansehen.

○

1 Meter (m) = 100 Zentimeter (cm)

⇆ **E3 Wählen Sie eine Anzeige und spielen Sie ein Telefongespräch.**

Von privat: Sofa, dunkelrot
2 m lang
Preis: 150 Euro
Tel. 97 35 63

Fernseher
nur 120 €!
schwarz,
3 Jahre alt
Tel. 0174/93 12 586

wie neu

Kühlschrank
1 Jahr alt,
200 Euro,
85 cm hoch
Tel. 202/5123

Guten Tag. Ist der/das ... noch da?
Wie groß/breit/hoch/alt ist es/er denn?
Was kostet es/er denn?
Und wo wohnen Sie, bitte?
Sind Sie heute/morgen/... zu Hause?

Ja./Nein.
Ungefähr/Genau ...
... Euro.
In der ...straße.
Ja, bin ich. / Ja, ich bin da. /
    Nein, ich bin nicht da.

genau zwei Meter = 2,00 m
ungefähr zwei Meter = 2,02 m

Grammatik und Kommunikation

Grammatik

1 Definiter Artikel `ÜG` 2.01, 2.02

		definiter Artikel
Singular	Hier ist	• der Balkon.
	Hier ist	• das Bad.
	Hier ist	• die Küche.
Plural	Hier sind	• die Kinderzimmer.

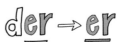

TiPP

Notieren Sie Wörter immer mit
der, das, die und mit Farbe.

• das Bad

2 Personalpronomen `ÜG` 3.01

		Personalpronomen
Singular	Wo ist ...	
	• der Balkon?	Er ist dort.
	• das Bad?	Es ist dort.
	• die Küche?	Sie ist dort.
	Wo sind ...	
Plural	• die Kinderzimmer?	Sie sind dort.

3 Negation `ÜG` 9.01

Der Stuhl ist nicht schön.
Walter wohnt nicht hier.
Sie haben keine Möbel.

Kommunikation

GEFALLEN / MISSFALLEN: Wie gefällt dir/Ihnen der Tisch?

Wie gefällt dir/Ihnen der Tisch?	*Sehr gut.*
Wie gefallen dir/Ihnen die Betten?	*Gut.*
	Ganz gut.
	Es geht.
	Nicht so gut.

Schreiben Sie ein Gespräch.

NACH DEM ORT FRAGEN: Wo ist die Küche?

Wo ist denn die Küche?	*Hier. / Dort.*
Ist hier auch ein Arbeitszimmer?	*Ja. Dort. / Das Arbeitszimmer ist hier/dort.*
Ist das hier das Bad?	*Ja, das hier ist das Bad.*

○ Wie gefällt Ihnen ...
◇ ...

BESCHREIBEN: Wie ist dein Zimmer?

Wie ist dein Zimmer?	*Es ist teuer./nicht teuer./sehr teuer.*
Wie lang/breit/hoch/... ist der Tisch?	*Ungefähr/Genau zwei Meter.*
Wie groß ist das Bett?	*Sechzig mal hundertzwanzig Zentimeter.*
Welche Farbe hat der Tisch?	*Er ist dunkelbraun.*

EIN TELEFONGESPRÄCH FÜHREN: Sie verkaufen doch ...?

Guten Tag.	
Ist der/das/die ... noch da?	*Ja./Nein.*
Wie groß/breit/hoch/alt ist er/es/sie denn?	*Ungefähr/Genau ... Zentimeter/Meter breit/... Ungefähr/Genau ein Jahr/zwei Jahre alt.*
Was kostet er/es/sie denn?	*... Euro.*
Und wo wohnen Sie, bitte?	*In der ...straße.*
Sind Sie heute/morgen/... zu Hause?	*Ja, bin ich./Ja, ich bin da./Nein, ich bin nicht da.*

STRATEGIEN: Sagen Sie mal, ...

Sagen Sie mal, ... / Sag mal, ... | Ja, richtig. | Aha, gut!
..., nicht? | ..., oder? | ..., richtig?
Oh, ... | Also, ...
Schau mal! / Schauen Sie mal! | Ah ja, danke.

Wie ist Ihr (Traum-)Zimmer / Ihre (Traum-)Wohnung? Schreiben Sie.

Ich habe ein Zimmer und eine Küche. Das Zimmer ist nicht groß ...

Sie möchten noch mehr üben?

1 | 84-86 AUDIO-TRAINING

VIDEO-TRAINING

Lernziele

Ich kann jetzt ...

A ... Zimmer benennen:
Das ist meine Wohnung. Das ist die Küche. _____ ☺ ☺ ☹

B ... Häuser und Wohnungen beschreiben:
Das Haus ist sehr schmal. Die Wohnung ist nicht teuer. _____ ☺ ☺ ☹

C ... sagen: Das gefällt mir (nicht):
Die Stühle sind (nicht) schön. _____ ☺ ☺ ☹

D ... bis eine Million zählen:
tausend, zehntausend, hunderttausend, eine Million _____ ☺ ☺ ☹

... Wohnungsanzeigen verstehen:
Schöne möblierte 1-Zi.-Wohnung ... _____ ☺ ☺ ☹

E ... Kleinanzeigen verstehen und ein Telefongespräch führen:
Welche Farbe hat der Tisch und wie lang ist er? _____ ☺ ☺ ☹

Ich kenne jetzt ...

... 5 Zimmer:

das Arbeitszimmer, ...

_____

... 5 Möbelstücke:

der Schrank, ...

_____

Zimmer frei!

1 Lesen Sie die Anzeige und korrigieren Sie die Sätze 1–4.

Bitte kein Messie!

Bitte kein Raucher!

Hallo Leute! Wer sucht ein Zimmer?

Ab Juli ist bei mir in der Wohnung ein Zimmer frei. Das Zimmer ist 21 Quadratmeter groß. Es ist hell und ruhig und billig. Ja, wirklich: Es kostet nur 280 Euro im Monat! Die Möbel sind schon da: ein Bett, ein Schrank, ein Schreibtisch, ein Tisch und zwei Stühle. Die Küche, der Balkon und das Bad sind für uns beide. Im Bad sind eine Toilette und eine Dusche.

Tel. 01213/22 22 22

Tel. 01213/22 22 22

Tel. 01213/22 22 22

Tel. 01213/22 22 22

Tel. 01213/22 22 22

1 Das Zimmer ist ~~280~~ Quadratmeter groß.
21 Quadratmeter

2 Es ist hell, ruhig und teuer.

3 Das Zimmer ist möbliert: ein Bett, ein Schrank, ein Schreibtisch, ein Tisch und drei Stühle.

4 Das Bad hat eine Badewanne.

2 Schreiben Sie eine Anzeige für Ihr Zimmer.

Das Zimmer ist 6m² groß.
☹ Es ist sehr klein.
☺ Es ist ruhig und billig. Es kostet ...

(M)Eine Traumwohnung

1 Fotografieren Sie Ihre Wohnung oder suchen Sie Fotos von Ihrer Traumwohnung im Internet.

2 Zeigen Sie Ihre Fotos im Kurs und sprechen Sie.

Das ist mein Wohnzimmer. Es ist sehr schön. Das Sofa ist weiß ...

Das ist meine Traumwohnung. Die Küche ist sehr groß und hell. Die Möbel sind neu ...

LIED MIT FILM

Das ist die Küche.

1 Sehen Sie den Film an. Welche Zimmer sehen Sie? Notieren Sie.

Küche,

2 Lesen Sie den Liedtext und sehen Sie den Film noch einmal an.
Singen Sie mit und machen Sie die Bewegungen.

1

*Das ist die **Küche**.*

*Die Küche ist sehr **klein** und leider ziemlich **dunkel**.*

2

*Das ist das **Wohnzimmer**.*

*Das Wohnzimmer ist **groß** und es ist sehr **hell**.*

3

*Das ist das **Schlafzimmer**.*

*Das Schlafzimmer ist **schön** und es ist sehr **ruhig**.*

4

*Das ist das **Haus**.*

*Das Haus ist sehr **groß**, aber es ist **teuer**.*

Mein Tag

Folge 5: Von früh bis spät

1 Sehen Sie die Fotos an. Wo ist Lara auf Foto 1 und 8?
Was macht sie? Kreuzen Sie an.

a ○ Sie ist im Kurs. b ○ Sie ist die Lehrerin.

○ Sie ist zu Hause. ○ Sie macht eine Präsentation.

2 ◀)) 1-8 **2 Sehen Sie die Fotos an und hören Sie. Was macht Lara?**
Schreiben Sie die Wörter auf Zettel. Was passt? Legen Sie die Zettel zu den Fotos.

frühstücken   einkaufen   Musik hören

spazieren   eine Präsentation
kochen   gehen   machen

aufräumen   aufstehen   Deutschkurs haben

Laras Film

2 ◀)) 1-8 **3 Wer macht das? Hören Sie noch einmal und verbinden Sie.**

steht um Viertel nach sieben auf.

frühstücken zusammen.

räumt die Küche auf.

Lara ── geht zum Deutschkurs.

Sofia geht am Nachmittag spazieren oder kauft ein.

Lara, Sofia und Lili kocht das Abendessen.

arbeitet sehr viel und ist am Abend müde.

essen zusammen.

ruft ihre Familie an.

4 Was machen Sie auch jeden Tag? Nehmen Sie die passenden Zettel aus 2 und vergleichen Sie mit Ihrer Partnerin / Ihrem Partner.

A Ich **räume** mein Zimmer **auf.**

2 ◀)) 9 **A1 Was macht Lara? Hören Sie und ordnen Sie.**

○ Sie kocht das Abendessen.

○ Sie ruft ihre Familie an.

① Lara steht früh auf.

○ Sie räumt die Küche auf.

○ Sie kauft im Supermarkt ein.

○ Sie sieht fern.

✂ auf stehen	✂ ein kaufen	ich	sehe fern
Lara steht früh auf.	Lara kauft im Supermarkt ein.	du	siehst fern
		er/sie	sieht fern

A2 Sofias Tag: Schreiben Sie und vergleichen Sie mit Ihrer Partnerin / Ihrem Partner.

Sofia steht früh auf.
Sie frühstückt ...

früh aufstehen   mit Lara und Lili frühstücken   zur Arbeit gehen

lange arbeiten   mit Lili spielen   im Supermarkt einkaufen   mit Lara und Lili essen

die Wohnung aufräumen   ein bisschen fernsehen   ins Bett gehen

A3 Partnerinterview

a Schreiben Sie sechs Beispiele:
Was machen Sie gern?
Was machen Sie nicht gern?

☹ *früh aufstehen*
☺ *arbeiten*
...

ich	esse	ich	arbeite
du	isst	du	arbeitest
er/sie	isst	er/sie	arbeitet

b Tauschen Sie die Zettel. Fragen Sie Ihre Partnerin / Ihren Partner und antworten Sie.

◆ Stehst du gern früh auf?
○ Nein. Ich stehe nicht gern früh auf. Und du?

◆ Ich stehe gern früh auf. Arbeitest du gern?
○ Ja, ich arbeite gern.

Stehst du gern früh auf?

A4 Ihre Kursleiterin / Ihr Kursleiter fragt: Machen Sie das gern? Dann stehen Sie auf.

⇆ **A5 Mein Tag**

📱 Machen Sie Fotos von Ihrem Tag und zeigen Sie die Fotos im Kurs. Sprechen Sie.

Wer kauft gern im Supermarkt ein?

B Wie spät ist es jetzt?

5

2 ◀)) 10 **B1 Hören Sie und variieren Sie.**

◆ Wie spät ist es jetzt? Ist es schon zwölf ?
○ Nein. Es ist erst Viertel vor zwölf .

Varianten:

Man schreibt:	Man sagt:
01.00 Uhr / 13.00 Uhr	ein Uhr / eins
01.15 Uhr / 13.15 Uhr	Viertel nach eins
01.30 Uhr / 13.30 Uhr	halb zwei
01.45 Uhr / 13.45 Uhr	Viertel vor zwei

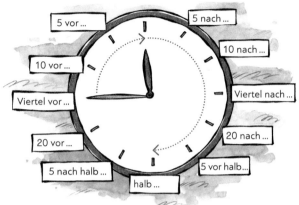

2 ◀)) 11-14 **B2 Uhrzeiten**

a Hören Sie und ordnen Sie zu.

Gespräch	1	2	3	4
Bild	B			

A   B   C   D

b Hören Sie noch einmal. Zeichnen Sie und schreiben Sie die Uhrzeit.

zwanzig vor neun ....

B3 Wie spät ist es? Ergänzen Sie.

a   06:58   *kurz vor sieben / gleich ...*   d   11:59   ....

b   09:57   ....   e   12:04   ....

c   10:02   ....

⇄ **B4 Zeichnen Sie vier Uhrzeiten.**
Fragen Sie Ihre Partnerin / Ihren Partner: Wie spät ist es?

11.58 Uhr	(Es ist) Kurz vor zwölf. / Gleich zwölf.
12.03 Uhr	(Es ist) Kurz nach zwölf.

C **Wann** fängt der Deutschkurs an?

2 ◄)) 15 **C1 Welchen Deutschkurs besucht Lara?**

   a Hören Sie und markieren Sie im Kursprogramm.

DEUTSCH-INTENSIV- UND ABENDKURSE

Montag bis Freitag 08.30 – 12.15 Uhr (25 Unterrichtsstunden)

Montag bis Freitag 08.30 – 12.00 Uhr und 12.30 – 15.00 Uhr (40 Unterrichtsstunden)

Montag bis Donnerstag 18.15 – 20.30 Uhr (12 Unterrichtsstunden)

Montag/Mittwoch oder Dienstag/Donnerstag 18.15 – 20.30 Uhr (6 Unterrichtsstunden)

ich	fange an
du	fängst an
er/sie	fängt an

   b Lesen Sie und hören Sie noch einmal. Ergänzen Sie.

    1 Wann fängt der Deutschkurs an? Um _halb neun_ .

    2 Wann endet der Kurs? Um _____ .

    3 Wann ist der Kurs? Von _Montag_ bis _____

    von _____ bis _____ Uhr.

Wann?
- Am Montag.
- Um zehn Uhr.
- Von neun bis fünf (Uhr).
- Von Montag bis Freitag.

2 ◄)) 16 **C2 Hören Sie und variieren Sie.**

   ◆ Ich mache am Freitag eine Party. Hast du Zeit?

   ○ Am Freitag? Ich spiele von fünf bis sechs Fußball.
     Da habe ich keine Zeit. Wann fängt die Party denn an?

   ◆ Um sieben Uhr.

   ○ Das passt gut. Ich komme gern.

am Samstag + am Sonntag
= am Wochenende

Varianten:

   Samstag 4 – 5 6   Sonntag 7 – 8 9

ich	schlafe
du	schläfst
er/sie	schläft

C3 Tims Woche: Sprechen Sie mit Ihrer Partnerin / Ihrem Partner.

Montag	Dienstag	Mittwoch	Donnerstag	Freitag	Samstag	Sonntag
8.30-15.00 Uhr Deutschkurs	8.30-15.00 Uhr Deutschkurs	8.30-15.00 Uhr Deutschkurs	8.30-15.00 Uhr Deutschkurs	8.30-15.00 Uhr Deutschkurs	11.00-12.00 Uhr Zimmer aufräumen	lange schlafen! ☺
12.00 Uhr mit Lara spazieren gehen	17.00 Uhr Fußball spielen	16.00 Uhr Hausaufgaben machen	18.00 Uhr Mama und Papa anrufen	19.00 Uhr einkaufen	18.30 Uhr mit Lara kochen	20.15 Uhr fernsehen

   ◆ Wann spielt Tim Fußball?   ○ Um wie viel Uhr geht er ...?

   ○ Am Dienstag um fünf Uhr.   ◆ Um ... Uhr.

⇆ **C4 Partnerinterview**

   Schreiben Sie sechs Fragen.
   Stellen Sie Ihrer Partnerin /
   Ihrem Partner die Fragen
   und notieren Sie.

1. Wann stehst du am Wochenende auf?
2. Um wie viel Uhr gehst du ins Bett?

Natalja
1. Um halb sieben.

> **SCHON FERTIG?** Schreiben Sie
> Ihren Terminkalender für
> nächste Woche auf Deutsch.

D1 Ordnen Sie zu.

~~am Mittag~~   am Morgen   am Abend   am Nachmittag

_____ am Vormittag   *am Mittag* _____   _____   in der Nacht

D2 Roberts Samstag

2 ◀) 17   **a** Was sagt Robert? Hören Sie das Gespräch und verbinden Sie.

Wann? | Am Vormittag.
⚠ In der Nacht.

1 Am Morgen ——————— geht er ins Kino.
2 Am Vormittag   geht er spazieren.
3 Am Mittag   frühstückt Robert.
4 Am Nachmittag   isst er mit Nina.
5 Am Abend   räumt er auf, kauft ein und kocht.
6 In der Nacht   macht er Sport.

Robert macht *am Nachmittag* Sport.
Am Nachmittag macht Robert Sport.

b Was macht Robert wirklich? Schreiben Sie.

A Am Morgen hört
Robert Musik.
B Am Vormittag …
C Am Mittag …
D Am Nachmittag …
E Am Abend …
F In der Nacht …

A

Musik hören

B

Kaffee trinken

C

Pizza essen

D

Computerspiele spielen

E

fernsehen

F

chatten

🔁 D3 Spiel: *Ihr Tag.* Schreiben Sie vier Informationen über sich.

Eine Information ist falsch. Lesen Sie Ihre
Informationen vor. Die anderen raten: Was ist falsch?

◆ Ich glaube, du stehst nicht um sechs auf.
○ Doch. Ich stehe um sechs auf.
   Auch am Wochenende.
▲ Aber du räumst nicht am Nachmittag auf.
○ Stimmt. Ich räume erst am Abend auf.

Ich stehe um sechs Uhr auf.
Am Vormittag lerne ich Deutsch.
Am Nachmittag räume ich auf.
Ich gehe um elf Uhr ins Bett.

E Familienalltag

2 ◀)) 18-21 **E1 Öffnungszeiten: Wann ist geöffnet?**

a Hören Sie und ordnen Sie zu.

B

A

Dr. Annette Krönke
Kinder- und Jugendärztin

Sprechzeiten:
Mo – Do 8.30 – 12.00 Uhr
14.00 – 16.30 Uhr
Fr 8.30 – 12.00 Uhr
Terminvereinbarung
unter 030/700 70

**KINDERGARTEN
ST. RAPHAEL**

Eichwaldstraße 128
10785 Berlin
www.kiga-raphael.com
Tel. 030/2 61 50 96

Öffnungszeiten:
Montag bis Freitag
7.30 – 17.00 Uhr

C

Elektro Schuster
– Ihr Elektrogeschäft mit Herz

Geschäftszeiten: ♥
Mo, Di, Do, Fr
8.00 – 12.00 und 14.00 – 18.30
Mi 8.00 – 12.00 | Sa 8.30 – 13.00

D

Kinder- und
Jugendbibliothek Berlin

Mo – Fr 13.00 – 19.00 Uhr
Sa 10.00 – 19.00 Uhr
An gesetzlichen Feiertagen
geschlossen.

Ansage	1	2	3	4
Schild	B			

b Wie sagen die Personen die Uhrzeit? Hören Sie
noch einmal und kreuzen Sie an.

1 Der Kindergarten ist bis ☒ 17 Uhr ○ fünf Uhr   geöffnet.
2 Die Bibliothek öffnet von Montag bis Freitag um ○ eins. ○ 13 Uhr.
3 Am Samstag ist das Geschäft von ○ acht Uhr 30 bis 13 Uhr ○ halb neun bis eins   geöffnet.
4 Von Montag bis Donnerstag schließt die Praxis um ○ halb fünf. ○ 16 Uhr 30.

	offiziell (Radio, Fernsehen, Ansagen …)	privat (Familie, Freunde …)
08.30	acht Uhr dreißig	halb neun
19.00	neunzehn Uhr	sieben Uhr

E2 Veras Tag

a Was ist richtig? Lesen Sie den Text auf Seite 65 und kreuzen Sie an.

1 ☒ Vera ist nicht verheiratet.
2 ○ Vera und die Kinder leben in der Schweiz.
3 ○ Veras Exmann wohnt in Norddeutschland.
4 ○ Vera ist am Abend müde.
5 ○ Sie geht jeden Tag ins Kino.

Montag bis Sonntag =
auch so:
| jeden Tag
| jeden Morgen
| jeden Abend
| jedes Wochenende
| jede Nacht

b Sehen Sie die Fotos an und schreiben Sie sechs Sätze über Vera. Zwei Sätze sind falsch.
Ihre Partnerin / Ihr Partner korrigiert.

18.30
Um ~~18.00~~ spielt Vera
mit Tom und Luka.

Wann hast du denn mal Zeit, Vera?

1
6.00 aufstehen

2
7.15 die Kinder in
die Kita bringen

3
7.45 – 16.00 arbeiten

4
17.00 die Kinder von
der Kita abholen

5
17.30 kochen

6
18.00 essen

7
18.30 mit Tom und
Luka spielen

8
19.30 die Kinder ins
Bett bringen

9
22.00 ins Bett gehen

Hallo. Ich heiße Vera Szipanski und bin 33 Jahre alt. Ich bin geschieden und habe zwei Söhne. Tom ist vier und Luka zwei. Tom und Luka gehen in die Kita. Wir wohnen in Stuttgart. Mein Exmann lebt jetzt in der Schweiz. Meine Eltern wohnen in Norddeutschland. Ich habe die Kinder also jeden Morgen, jeden Abend und am Wochenende natürlich den ganzen Tag.

Ich hätte gern mehr Zeit für mich. Zum Beispiel möchte ich mal wieder ins Kino gehen. Aber am Abend bin ich müde. Meine Freundinnen fragen: „Wann hast du denn mal Zeit, Vera?" Und ich antworte: „Heute nicht. Tut mir leid, ich bin total fertig. Heute möchte ich nur noch ins Bett."

Grammatik und Kommunikation

Grammatik

1 Trennbare Verben UG 5.02

auf räumen	→	Ich räume auf.
auf stehen	→	Lara steht auf.
ein kaufen	→	Lara kauft ein.

auch so: *anrufen, fernsehen, anfangen, abholen*

2 Trennbare Verben im Satz UG 10.02

	Position 2		Ende
Ich	räume	mein Zimmer	auf.
Lara	steht	früh	auf.
Lara	kauft	im Supermarkt	ein.
Stehst	du	gern früh	auf?

3 Temporale Präpositionen UG 6.01

Wann gehen Sie zum Deutschkurs?

am Vormittag *aber:* in der Nacht	→	Tageszeit
am Montag von Montag bis Freitag	→	Tag
um zehn Uhr um Viertel vor/nach acht von neun bis fünf (Uhr)	→	Uhrzeit

4 Verb: Konjugation UG 5.01, 5.02

	anfangen	arbeiten	essen	fernsehen	schlafen
ich	fange an	arbeite	esse	sehe fern	schlafe
du	fängst an	arbeitest	isst	siehst fern	schläfst
er/es/sie	fängt an	arbeitet	isst	sieht fern	schläft
wir	fangen an	arbeiten	essen	sehen fern	schlafen
ihr	fangt an	arbeitet	esst	seht fern	schlaft
sie/Sie	fangen an	arbeiten	essen	sehen fern	schlafen

5 Verb: Position im Hauptsatz UG 10.01

	Position 2	
Robert	macht	*am Nachmittag* Sport.
Am Nachmittag	macht	Robert Sport.

Was passt zusammen?

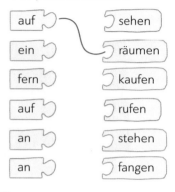

Was machen Sie wann?
Schreiben Sie.
Wann stehen Sie auf?
Wann gehen Sie zum Deutschkurs?
Wann arbeiten/lernen Sie?
Wann gehen Sie ins Bett?

Am Morgen stehe ich um …

arbeiten – er/sie arbeit**e**t

finden – er/sie find**e**t

kosten – das kost**e**t

Kommunikation

UHRZEIT: Wie spät ist es?

Wie spät ist es (jetzt)?

(Es ist) Sieben / Neunzehn Uhr.

(Es ist) Acht Uhr dreißig. /
(Es ist) Halb neun.

Ist es schon zwölf?

Nein. Es ist erst Viertel vor zwölf.

Es ist kurz vor zwölf. / gleich zwölf.

Es ist kurz nach zwölf.

Um wie viel Uhr gehst du ins Bett?   Um elf Uhr. / Um halb elf.

ÖFFNUNGSZEITEN: (Von wann bis) Wann ist ... geöffnet?

Wann ist der Kindergarten geöffnet?   (Von Montag bis Freitag)
Von 7 Uhr 30 bis 17 Uhr.

VERABREDUNG: Hast du Zeit?

Ich mache am Freitag eine Party.
Hast du Zeit?

Wann fängt die Party denn an?

Um sieben Uhr.

Das passt gut. Ich komme gern.

Da habe ich keine Zeit.

VORLIEBEN: Was machst du (nicht) gern?

Stehst du gern früh auf? | Ich stehe nicht gern früh auf.
Ich arbeite gern.

STRATEGIEN: Ich glaube, ...

Stimmt. | Ich glaube, ...

Wann ist ... geöffnet?
Schreiben Sie.

Praxis	Kindergarten
Mo – Do 8 – 18, Fr 7.30 – 12.00 Uhr	Mo – Fr 8.00 – 18.00 Uhr

SUPERMARKT

Mo – Sa
7.00 – 20.00 Uhr

Die Praxis _____ .
Der Kindergarten _____ .
Der Supermarkt _____ .

Sehen Sie in Ihren Kalender
und notieren Sie Ihre Antwort.

Hast du am Samstag um
acht Zeit? Ich gehe ins Kino.

Sie möchten noch mehr üben?

2 | 22-24 🔊
AUDIO-
TRAINING

VIDEO-
TRAINING

Lernziele

Ich kann jetzt ...

A ... sagen: Das mache ich:
Ich räume die Küche auf. _____ ☺ ☺ ☹

B ... nach der Uhrzeit fragen und die Uhrzeit sagen:
Wie spät ist es jetzt? – Es ist kurz vor zwölf. _____ ☺ ☺ ☹

C ... sagen: Wann mache ich was?
Ich spiele von fünf bis sechs Fußball. _____ ☺ ☺ ☹

D ... Informationen zur Tageszeit verstehen und geben:
am Vormittag, am Nachmittag, ... _____ ☺ ☺ ☹

... über meinen Tag sprechen:
Am Vormittag lerne ich Deutsch. _____ ☺ ☺ ☹

E ... Öffnungszeiten auf Schildern und in Telefonansagen verstehen _____ ☺ ☺ ☹

... einen Lesetext verstehen _____ ☺ ☺ ☹

Ich kenne jetzt ...

... 5 Aktivitäten:

spazieren gehen, ...

_____

... die Wochentage:

Montag, ...

_____

COMIC

Der kleine Mann: Die Traumfrau

Ordnen Sie zu.

3 Von 8.30 Uhr bis 17 Uhr arbeitet der kleine Mann.	○ Um 7.00 Uhr steht er auf und frühstückt.
○ Von 18 bis 19 Uhr geht er spazieren.	○ Von 20 bis 23 Uhr sieht er fern. Dann geht er ins Bett.
○ Von 23.30 Uhr bis 7.00 Uhr schläft er.	○ Um 7.45 Uhr fährt der kleine Mann zur Arbeit.

LESEN

Lesen Sie den Text und notieren Sie
Informationen wie im Beispiel.

Franziska:
23 Jahre, aus ...
lebt in ...

Wohnung: ...
Arbeit: ...
Freund: ...
Hobbys: ...

Hallo! Ich bin Franziska.

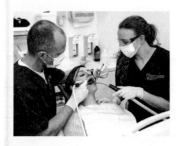

Ich bin Franziska. Ich bin 23 Jahre alt und in Bodenheim geboren. Der Ort ist ziemlich klein, er hat etwa 7000 Einwohner. Nach der Schulzeit habe ich dort meinen Beruf gelernt. Ich bin Zahnarzthelferin und mag meinen Beruf.

Heute lebe und arbeite ich in Mainz. Mainz hat mehr als 200.000 Einwohner. Meine Wohnung hat ein Zimmer, eine Küche und ein Bad. Sie ist nicht teuer und gefällt mir sehr gut.
Mein Hobby ist Klettern. Mein Freund Nicolas ist 24 und studiert in Göttingen Medizin. Von Mainz nach Göttingen sind es 250 Kilometer. Ich sehe Nicolas also nicht so oft. Leider!

So ist mein Tag.

1 Sehen Sie eine Fotoreportage über Franziska an.
Was macht Franziska wann? Verbinden Sie.

7.00 Uhr
bis 7.30 Uhr
7.30 Uhr
7.45 Uhr
8.00 Uhr
8.00 Uhr – 13.00 Uhr
13.00 Uhr – 15.00 Uhr
15.00 Uhr – 18.00 Uhr
18.15 Uhr
18.15 Uhr – 19.00 Uhr
19.15 Uhr
19.30 – 23.00 Uhr
manchmal

schnell frühstücken
Mittagspause machen. nach Hause
   oder ins Fitnessstudio gehen
aufräumen, Kleidung waschen
   oder einkaufen
Arbeit fängt an
aufstehen
nach Hause kommen
im Bad sein
ausgehen und Freundinnen treffen
essen
telefonieren mit Nicolas,
   lesen oder fernsehen
losgehen zur Zahnarztpraxis
arbeiten
wieder in der Praxis sein

2 Sprechen Sie über Franziskas Tag.

> Um 7 Uhr steht Franziska auf.
> Dann ist sie im Bad. Um 7.30 Uhr
> frühstückt sie schnell …

Meine Woche

2 ◀) 25

Hans Bertholds Woche. Was ist richtig? Hören Sie und markieren Sie.

Hans Berthold:
76 Jahre alt |
arbeitet nicht mehr |
lebt allein

Am Morgen:
Frühstück |
geht zum Friedhof

Am Vormittag:
Tochter Anna kommt
am Montag und Donnerstag

Am Mittag:
kocht Montag, Mittwoch und
Samstag | schläft am Sonntag
bei Anna und Jonas |
Mittagsschlaf
von 14 bis 15 Uhr

Am Nachmittag:
geht spazieren |
trinkt Tee |
spielt Karten/Schach

Am Abend:
Abendessen | sieht fern |
geht ins Bett

Freizeit

Folge 6: Der Käsemann

1 Sehen Sie die Fotos an.

a Wer macht was? Zeigen Sie und sprechen Sie.

einen Ausflug machen   Auto fahren   wandern

Nachrichten schreiben   ein Picknick machen

Gitarre und Mundharmonika spielen   telefonieren

Lara, Lili, Sofia und Walter machen einen Ausflug.

Hier, Foto 6: Tim telefoniert.

b Wie ist das Wetter? Kreuzen Sie an.

○ Die Sonne scheint.

○ Es regnet.

○ Es gibt viele Wolken.

 2 ◀)) 26-33   **2 Sehen Sie die Fotos an und hören Sie. Was ist in der Dose?**

2

3

4

7

8

Laras Film

3 Was ist richtig? Hören Sie noch einmal und kreuzen Sie an.

2 ◀)) 26-33

a Das Wetter ist ○ sehr schön. ☒ nicht so gut.

b Familie Baumann und Lara machen einen Ausflug.
Sie gehen los, aber Sofia vergisst die ○ Gitarre. ○ Dose.

c Lili hat ○ Durst. ○ Hunger.

d Lili möchte ○ keine Würstchen ○ keinen Käse   essen.

e Lara ○ schreibt eine Nachricht an Tim. ○ ruft Tim an.
Tim bringt die ○ Mundharmonika. ○ Dose.

f Alle finden: Es ist so ○ schön ○ interessant   hier.

4 Wandern Sie gern? Machen Sie gern Picknick? Machen Sie gern Musik? Erzählen Sie.

Ich wandere sehr gern.

Wandern finde ich ...

A Das **Wetter** ist nicht so schön.

A1 Ordnen Sie zu.

○ Es regnet.
○ Es sind 25 Grad. Es ist warm.
○ Die Sonne scheint.
○ Es ist windig.
○ Es sind nur 7 Grad. Es ist kalt.
Ⓐ Es schneit.
○ Es ist bewölkt.

A  B   C  D

E  F   G

A2 Wetterberichte

a Wie ist das Wetter heute? Lesen Sie die Wetterberichte und ordnen Sie zu.

A ②   B ○   C ○

1

www.europawetter-heute.de

heute Mi Do Fr Sa So Mo

Deutschland: Im Norden und in der Mitte Deutschlands scheint schon heute überall die Sonne. Die Temperaturen steigen auf bis zu 20 Grad an der Küste und bis zu 23 Grad im Landesinneren. Im Süden ist es windig und nicht ganz so warm. Maximal 18 Grad. Morgen überall Temperaturen um die 25 Grad.

Schweiz: Überall sonniges Wetter, nur im Osten leicht bewölkt. Temperaturen bis …

2

Heute Regen		+1° – +7°C
Mi bewölkt		+2° – +8°C
Do bewölkt		+2° – +8°C
Fr Schnee		-1° – +2°C
Sa und So sonnig		-2° – +4°C

3

Wetter

Deutschland Österreich Schweiz

Im Norden und Westen viele Wolken. Es regnet bei milden Temperaturen um 8 Grad. Im Ruhrgebiet und auf den Nordsee-Inseln bis 12 Grad. Im Süden und Osten scheint die Sonne. Die Temperaturen steigen auf 16 Grad! Auch morgen bleibt es warm.

+8°C (plus) acht Grad
-3°C minus drei Grad / drei Grad unter Null

im Norden
im Westen im Osten
im Süden

b Was ist richtig? Lesen Sie noch einmal und kreuzen Sie an.

1. ○ Im Süden regnet es heute.
   ☒ Morgen ist es in ganz Deutschland warm.
2. ○ Heute sind es maximal sieben Grad.
   ○ Am Freitag schneit es.
3. ○ Im Süden regnet es nicht.
   ○ Morgen ist es kalt und es schneit.

2 ◀)) 34-36   **c** Welches Radio-Wetter passt zu den Texten in a?
Hören Sie und ordnen Sie zu.

Wetterbericht			
Internet	1	2	3
Radio			A

⮂ **A3** **Wie ist das Wetter in Ihrem Land?**
Sprechen Sie und machen Sie ein Plakat.

> Wie ist das Wetter
> in Bulgarien?

	Wie ist das	☺ Gut./Schön.
	Wetter?	☹ Schlecht./Nicht so gut./schön.

> Im Sommer ist das Wetter sehr
> gut. Es ist heiß und es sind circa
> 30 Grad. Im Winter ist es kalt.
> Dann sind es 0 bis 5 Grad.

im Frühling

	Bulgarien	Spanien	Vietnam
im Frühling	12 – 15 °C	ca. 14 °C	ca. 25 °C
im Sommer	ca. 30 °C	ca. 26 °C	ca. 35 °C
im Herbst	12 – 15 °C	ca. 17 °C	ca. 25 °C
im Winter	0 – 5 °C	ca. 10 °C	15 – 20 °C

⮂ **A4** **Was ist Ihr Lieblingswetter? Was machen Sie dann?**
Erzählen Sie.

> Ich mag Wind. Dann gehe
> ich spazieren. Das ist schön.

> Ich finde Sonne/Regen/Wind/Schnee / warme Tage / kalte Tage gut.
> Sonne/Regen/Wind/Schnee ist schön./angenehm./super./...
> Ich mag Sonne/Regen/Wind/Schnee.
> Wind/Regen/... mag ich gar nicht.

> **SCHON FERTIG?** Wie wird das
> Wetter morgen an Ihrem
> Wohnort? Informieren Sie sich.

B Hast du **den** Käse?

B1 Hören Sie und ordnen Sie zu.   ~~den~~   den   der

◆ Sag mal, Sofia: Hast du *den* Käse?

○ Moment mal, wo ist denn _____ Käse? ... Hier, Papa.
Ich habe _____ Käse, siehst du?

B2 Hören Sie und variieren Sie.

◆ Wo ist der Saft?
Hast du den Saft?

○ Oh, tut mir leid,
den Saft habe ich nicht.

Varianten:

● das Fleisch   ● der Kaffee
● die Würstchen
● der Käse   ● der Kuchen

Wo	ist	● der Käse?
		● das Fleisch?
	sind	● die Milch?
		● die Würstchen?

Hast du		● den Käse?
		● das Fleisch?
		● die Milch?
		● die Würstchen?

B3 Sehen Sie die Speisekarte an. Was möchten Sie?
Sprechen Sie mit Ihrer Partnerin / Ihrem Partner.

◆ Also, ich möchte einen Hamburger und ein Wasser.
Du auch?

○ Ich weiß nicht. ... Nein, ich möchte keinen Hamburger.
Ich glaube, ich trinke nur einen Apfelsaft.

KLEINE SPEISEN

● Currywurst
● 2 Wiener Würstchen
mit Kartoffelsalat
● Pizza Tomate-Käse
● Pizza Salami
● Hamburger
● 1 Portion Pommes
(Ketchup / Mayonnaise)
● Salat mit ● Ei und ● Schinken

GETRÄNKE

● Mineralwasser
● Apfel-/Orangensaft
● Cola
● Bier

UNSERE SPEZIALITÄT

● Bananenpfannkuchen

Ich möchte/ trinke	● einen/keinen	Apfelsaft.
	● ein/kein	Wasser.
	● eine/keine	Cola.
	● –/keine	Säfte.

⇆ **B4 Planen Sie ein Picknick.**

Wer kauft die Würstchen und den Orangensaft?

Ich kaufe die Würstchen.

Ich kaufe den Orangensaft.

Würstchen
Orangensaft

Würstchen → Jonas
Orangensaft → Carmen

C Hast du **keinen** Hunger mehr? – **Doch**.   **6**

2 ◀)) 39 **C1 Hören Sie und ordnen Sie zu.**

~~Doch~~ Ja Nein Doch Ja Doch

1

◆ Hast du den Käse?

◯ Den Käse? Moment mal, wo ist denn der Käse? Ach ...

◆ Was? Haben wir den Käse nicht dabei?

◯ _Doch_ ! Hier, Papa! Ich habe den Käse. Hier ist er, siehst du?

◆ _____ !

2

◯ Möchtest du ein Würstchen?

▲ _____ , gern. Danke, Sofia. ... Lili? Möchtest du auch ein Würstchen?

▢ _____ , danke.

◆ Was? Hast du keinen Hunger mehr?

▢ _____ . Aber ich möchte lieber Käse. Haben wir keinen Käse?

◯ _____ .

	Ja.	Nein.
Möchtest du ein Würstchen?	Ja.	Nein.
Haben wir den Käse nicht dabei?	Doch.	Nein.
Hast du keinen Hunger mehr?	Doch.	Nein.

2 ◀)) 40-41 **C2 Wer möchte was?**

Hören Sie die Gespräche und variieren Sie.

1

◆ Wer möchte eine Currywurst?

◯ Ich! Ich möchte eine Currywurst.

◆ He, Lukas! Nimmst du keine Wurst?

▲ Nein. Ich habe keinen Hunger.

2

◆ Möchtest du Fußball spielen?

◯ Nein. Jetzt nicht.

◆ Warum nicht? Spielst du nicht gern Fußball?

◯ Doch. Aber ich habe keine Zeit.

Varianten:

• die Cola • das Eis
• der Apfelsaft ...

ich	nehme
du	nimmst
er/sie	nimmt

Varianten:

ins Kino gehen Musik machen Eis essen ...

🔁 **C3 Spiel: *Wie bitte?* Schreiben Sie vier Fragen und fragen Sie Ihre Partnerin / Ihren Partner.**

(Wie bitte?)

Spielst du gern Fußball?
Hast du einen Hund?
Sprichst du Englisch?
Möchtest du einen Kaffee?

◆ Spielst du gern Fußball?

◯ Ja, ich spiele sehr gern Fußball.

◆ Wie bitte? Du spielst nicht gern Fußball?

◯ Doch!

▲ Hast du einen Hund?

▢ Nein.

▲ Wie bitte? Du hast keinen Hund?

▢ Nein.

D Freizeit und Hobbys

D1 Ordnen Sie zu.

- Ⓐ tanzen
- ○ wandern
- ○ schwimmen
- ○ Gitarre spielen
- ○ Freunde treffen
- ○ Fahrrad fahren
- ○ stricken
- ○ grillen

D2 Was machen Sie gern in der Freizeit? Sprechen Sie mit Ihrer Partnerin / Ihrem Partner.

◆ Ich spiele gern Fußball und ich schwimme viel.
Ich mache gern Sport. Was sind deine Hobbys?

○ Meine Hobbys sind Kochen und Lesen. Ich finde Krimis gut.
Und ich treffe in meiner Freizeit gern meine Freunde.
Liest du auch gern?

ich	treffe	lese	fahre
du	triffst	liest	fährst
er/sie	trifft	liest	fährt

Was sind deine/Ihre Hobbys?	Meine Hobbys sind ...
Was machst du / machen	Ich ... gern ... Das macht Spaß.
Sie gern in der Freizeit?	Ich finde ... gut./toll./super./interessant.

D3 Lesen Sie das Profil von Berhan. Was passt auch für Sie? Markieren Sie.

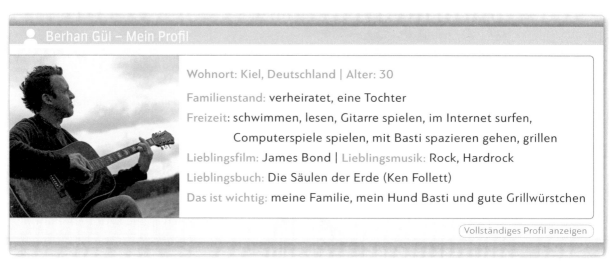

● Berhan Gül – Mein Profil

Wohnort: Kiel, Deutschland | Alter: 30

Familienstand: verheiratet, eine Tochter

Freizeit: schwimmen, lesen, Gitarre spielen, im Internet surfen,
Computerspiele spielen, mit Basti spazieren gehen, grillen

Lieblingsfilm: James Bond | Lieblingsmusik: Rock, Hardrock

Lieblingsbuch: Die Säulen der Erde (Ken Follett)

Das ist wichtig: meine Familie, mein Hund Basti und gute Grillwürstchen

(Vollständiges Profil anzeigen)

⇆ D4 Schreiben Sie Ihr Profil wie in D3 und sprechen Sie im Kurs.

Mein Lieblingsfilm ist ...

SCHON FERTIG? Pläne: Was machen
Sie nächstes Wochenende?
Schreiben Sie oder sprechen Sie
mit Ihrer Partnerin / Ihrem Partner.

E1 Lesen Sie die Interviews und markieren Sie: Alter, Beruf, Hobby.

Alma sammelt
Wolkenfotos

Hallo, wie heißt du und wie alt bist du?
Ich heiße Alma und bin 34 Jahre alt.
Was ist dein Beruf?
Ich bin medizinisch-technische Assistentin.
Und in der Freizeit, Alma? Hast du ein Hobby?
Ja, ich habe ein Hobby. Ich mache gern Wolkenfotos.
Wolkenfotos? Warum denn?
Warum nicht? Gefallen dir Wolken nicht?
Doch, natürlich.
Ich finde Wolken schön und ich fotografiere gern.
Das macht Spaß und kostet nicht viel. Ich brauche
nur mein Smartphone.
Ich verstehe. Und das hast du ja immer dabei.
Genau.
Hast du schon viele Wolkenfotos?
Schon sehr viele. Guck mal! Das hier ist mein
Lieblingsfoto.
Hey, das ist total schön! Das Foto gefällt mir sehr.
Oh, danke!
Machst du heute auch noch ein Wolkenfoto?
Hm, ich glaube nicht. Das Wetter ist ja nicht so toll.
Was? Es ist doch schön warm und
die Sonne scheint.
Das stimmt schon, aber siehst du eine Wolke?
Oh, wie dumm! Na klar, es ist nicht bewölkt.
Also: kein Wolkenfoto.
Kein Problem. Die nächste Wolke kommt ganz sicher.

Karim spielt
Backgammon

Hallo! Wie heißt du und wie alt bist du?
Mein Name ist Karim und ich bin 28.
Woher kommst du?
Ich komme aus dem Libanon.
Was ist dein Beruf?
Ich arbeite als Programmierer in einer IT-Firma.
Und in der Freizeit?
Ich spiele Fußball und Backgammon.
Backgammon? Du meinst das Würfelspiel?
Ja, genau. Backgammon ist schon seit zwanzig
Jahren mein Lieblingsspiel.

Aha! Spielst
du oft?
Ja, jeden Tag.
Heute auch?
Hm, ich möchte
schon. Aber
da gibt es leider
ein Problem.
Hast du kein Backgammon-Spiel?
Doch. Das habe ich immer mit dabei.
Hier: Guck mal!
Oh, das ist aber sehr klein!
Ja stimmt, aber es geht schon.
Na gut, wo ist jetzt das Problem? Hast du
keinen Mitspieler?
Nein. Oder vielleicht doch? Spielst du
Backgammon?
Ich!? Nein, leider nicht.
Ach, das ist ganz einfach. Das lernst du schnell.
Meinst du?
Ja, komm, wir fangen gleich an.
Das macht Spaß.

⇆ **E2 Wie gefallen Ihnen die Hobbys
von Alma und Karim?**
Welche besonderen Hobbys haben Sie? Erzählen Sie.

*Mir gefällt Karims Hobby.
Ich spiele auch gern, mein
Lieblingsspiel ist Schach.*

Grammatik und Kommunikation

Grammatik

1 Akkusativ: definiter Artikel ÜG 2.01, 2.02

	Nominativ	Akkusativ
	Wo ist/sind ...	Ich habe ...
Singular	• der Saft?	• den Saft.
	• das Würstchen?	• das Würstchen.
	• die Cola?	• die Cola.
Plural	• die Salate?	• die Salate.

2 Akkusativ: indefiniter Artikel ÜG 2.01, 2.02

	Nominativ	Akkusativ
	Ist/Sind das ...	Ich möchte ...
Singular	• ein Saft?	• ein**en** Saft.
	• ein Würstchen?	• ein Würstchen.
	• eine Cola?	• eine Cola.
Plural	• Salate?	• Salate.

3 Akkusativ: Negativartikel ÜG 2.03

	Nominativ	Akkusativ
	Das ist/sind ...	Ich habe ...
Singular	• kein Saft.	• kein**en** Saft.
	• kein Würstchen.	• kein Würstchen.
	• keine Cola.	• keine Cola.
Plural	• keine Salate.	• keine Salate.

4 Ja-/Nein-Frage: *ja – nein – doch* ÜG 10.03

Frage	Antwort	
Möchtest du ein Würstchen?	Ja.	Nein.
Haben wir den Käse nicht dabei?	Doch.	Nein.
Hast du keinen Hunger mehr?	Doch.	Nein.

5 Verb: Konjugation ÜG 5.01

	lesen	treffen	nehmen	fahren
ich	lese	treffe	nehme	fahre
du	liest	triffst	nimmst	fährst
er/es/sie	liest	trifft	nimmt	fährt
wir	lesen	treffen	nehmen	fahren
ihr	lest	trefft	nehmt	fahrt
sie/Sie	lesen	treffen	nehmen	fahren

auch so: *fernsehen, essen, sprechen | schlafen, anfangen*

TiPP

Lernen Sie Regeln mit Situationen und Beispielen.

Hast du den Käse?

Moment mal ..., wo ist denn der Käse?

Antworten Sie.
Haben Sie eine Gitarre?
☺ _____ ☹ _____

Sprechen Sie nicht Deutsch?
☺ _____ ☹ _____

TiPP

Schreiben Sie Kärtchen.
Markieren sie und schreiben Sie Beispielsätze.

lesen
Liest du gern?
Mein Vater liest
jeden Morgen.

6

Kommunikation

HOBBYS: Ich tanze gern.

Was sind Ihre/deine Hobbys?

Was machst du / machen Sie gern in der Freizeit?

Meine Hobbys sind Lesen und Gitarre spielen.
Ich schwimme viel.
Ich tanze gern. Das macht Spaß.
Ich mache gern Sport.
Ich finde Krimis gut./toll./ super./interessant.

VORLIEBEN: Mein Lieblingsbuch ist …

Mein Lieblingsspiel/Lieblingsbuch/Lieblingsfilm ist …
Meine Lieblingsmusik ist …

DAS WETTER: Die Sonne scheint.

Wie ist das Wetter?
Gut. | Die Sonne scheint. | Es ist warm. | Schön. | Es regnet. | Es ist heiß. | Schlecht. | Es ist windig. | Es ist kalt. | Nicht so gut/schön. Es ist bewölkt. | Es gibt viele Wolken. | Es schneit. | Heute sind es sieben Grad. | Im Sommer ist das Wetter sehr gut.

Was ist Ihr/dein Lieblingswetter?

Ich finde warme Tage/kalte Tage gut.
Sonne/Regen/Schnee ist schön./ angenehm./super./…
Ich mag Wind.
Wind/Regen/… mag ich gar nicht.

STRATEGIEN: Na gut.

Sag mal, … | Guck mal! | Na klar, …
Na gut. | Oh, wie dumm! | Hm, …
Kein Problem. | Ich weiß nicht. | Moment mal, …

Schreiben Sie.
Was sind Ihre Hobbys? Was machen Sie gern in der Freizeit?

In meiner Freizeit …

Guck mal!

Oh, wie dumm!

Sie möchten noch mehr üben?

2 | 42-44 AUDIO-TRAINING

VIDEO-TRAINING

Lernziele

Ich kann jetzt …

A … über das Wetter sprechen:
Wie ist das Wetter? – Gut. Die Sonne scheint. ☺ ☺ ☹
… den Wetterbericht verstehen ☺ ☺ ☹
B … einfache Gespräche am Imbiss führen:
Ich möchte einen Hamburger und ein Wasser. Du auch? ☺ ☺ ☹
C … zustimmen, verneinen:
Hast du keinen Hunger? – Doch./Nein. ☺ ☺ ☹
D … über die Freizeit sprechen:
Ich spiele gern Fußball und ich schwimme viel. ☺ ☺ ☹
… Personenporträts verstehen ☺ ☺ ☹
E … Interviews über Hobbys verstehen ☺ ☺ ☹

Ich kenne jetzt …

… 5 Hobbys:

schwimmen, …

… 7 Wörter zum Thema *Wetter:*

windig, …

Zwischendurch mal ...

LIED

Wir sind nicht allein

Wir sind nicht allein

Du möchtest keinen Kaffee? – Nein.
Du möchtest keine Milch? Oh Mann!
Ich möchte auch keinen Tomatensaft.
Ja, was möchtest du denn dann?

Ich möchte singen. Du bist nicht allein.
Wir alle singen gern im Verein.

Wir machen keine Pizza. Nein.
Wir kochen auch kein Ei. Oh Mann!
Wir backen keinen Kuchen.
Ja, was machen wir denn dann?

Wir singen ein Lied. Wir sind nicht allein.
Wir alle singen gern im Verein.

2 🔊 45   **1** Hören Sie das Lied und singen Sie mit.

2 Welche Vereine kennen Sie? Sammeln Sie.

FILM

Almas Hobby: Wolkenfotos

Sehen Sie den Film an. Ergänzen Sie.

Alma ist __34__ Jahre alt und wohnt in
_____ . Sie fotografiert gern den
Himmel und die _____ . Langweilig
findet sie das nicht. Im Gegenteil: Wolken sind
einfach toll. Und auch der Himmel ist schön:
Alma liebt die _____ :
rot, gelb, orange, rosa, blau und grün.
Sie fotografiert viel am _____ .
Da hat Alma Zeit für ihr Hobby.

Freizeit in meiner Stadt

1 Ihre Heimatstadt: Recherchieren Sie die Informationen im Internet.

   a Wie viele Menschen leben dort?

   b Wie ist das Wetter heute?

   c Was kann ich dort in meiner Freizeit machen?

2 Ergänzen Sie und markieren Sie die Informationen.

Die Stadt	Das Wetter	Freizeitangebote

Die Stadt ....
 liegt in ....
 Sie liegt im Westen / Osten /
 Norden / Süden / in der Mitte
 von ....
 und hat .... Einwohner.
	Das Wetter dort ist heute
	 gut / schön / nicht so gut / schlecht.
	 Es ist
	    ☀ sonnig.
	 ⛅ leicht
	    bewölkt.
	       ☁ stark
	       bewölkt.
	 🌧 Es regnet.
	 🌨 Es schneit.
	 Es sind plus / minus .... Grad.
	 Es ist ...
	 -5 0 5 15 25 35
	 sehr kalt warm heiß sehr
	 kalt heiß
		Kultur
		 ....
		 ....
		 ....
		 Essen und Trinken
		 ....
		 ....
		 Sport
		 ....
		 ....
		 Andere
		 ....
		 ....
		 ....

3 Erzählen Sie im Kurs.

Madrid ist die Hauptstadt von Spanien und liegt in der Mitte von Spanien. Madrid hat drei Millionen Einwohner. ...

Meine Freizeit-Tipps für Madrid

... Das Wetter in Madrid ist heute sehr schön. Die Sonne scheint. Es ist sehr heiß. Meine Freizeit-Tipps sind: der Flohmarkt „El Rastro", das Restaurant „El museo del Jamón" (auf Deutsch: Schinkenmuseum) und der „Retiro-Park".

Kinder und Schule

Folge 7: Prima Team

1 Sehen Sie die Fotos an. Was meinen Sie?

a Wer ist ein „Prima Team"?

b Wer sagt was? Kreuzen Sie an.

	Lili	Lara	Sofia
Foto 1 Kannst du Lili wecken?	○	○	○
Foto 2 Das Frühstück ist fertig! Was ist los?	○	✗	○
Foto 3 Ich habe Bauchschmerzen!	○	○	○
Foto 4 Ihr schreibt also einen Mathetest.	○	○	○
Foto 5 Pünktlich um Viertel nach zehn ist sie da.	○	○	○
Foto 6 Sie will auf jeden Fall noch zum Deutschkurs gehen.	○	○	○
Foto 7 Ich glaube, ich habe alles richtig gemacht.	○	○	○
Foto 8 Hmm! Das schmeckt so lecker!	○	○	○

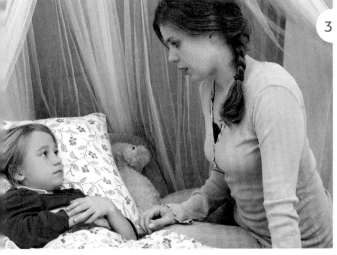

2 ◀)) 46-53

2 Hören Sie und vergleichen Sie.

2 ◀)) 48-53

3 Hören Sie noch einmal. Ordnen Sie die Sätze.

Laras Film

○ Am Nachmittag kommt Lili nach Hause und sagt: „Alles richtig!"

○ Lili geht in die Schule und schreibt den Test.

○ Lara macht einen Tee und lernt mit Lili Mathe.
Sie ruft Lilis Lehrer an und sagt: „Lili kommt pünktlich zum Test."

○ Am Abend essen Sofia, Lara und Lili zusammen und Sofia sagt:
„Wir sind ein prima Team!"

① Lili hat Bauchschmerzen und kann nicht in die Schule gehen.
Sie schreibt heute aber einen Mathetest.

○ Lili ruft in der Sprachschule an und sagt: Lara kommt erst um halb elf.

A Ich **kann** nicht in die Schule **gehen**.

2 ◀)) 54-56 **A1 Hören Sie und ordnen Sie zu.**

| kann | Kannst | kann | ~~kann~~ |

A _____ du Lili wecken?

B Ich _____ nicht aufste-hen. Ich glaube, ich _kann_ nicht in die Schule gehen.

C Sie _____ nicht um halb neun kommen. Sie kommt erst um halb elf.

2 ◀)) 57 **A2 Hören Sie und variieren Sie.**

○ Ich bin krank. Ich kann nicht einkaufen.
Hannes, kannst du im Supermarkt einkaufen ?
◆ Ja, kein Problem.

Varianten:

(nicht) kochen   (nicht) mit Jonas zum Arzt gehen

(nicht) mit Anna Hausaufgaben machen

Annas Lehrer (nicht) anrufen   …

ich	kann
du	kannst
er/sie	kann
wir	können
ihr	könnt
sie/Sie	können

Ich kann nicht einkaufen .

Kannst du im Supermarkt einkaufen ?

⇆ **A3 Spiel: _Bingo_ – Wer kann was wie gut?**

Fragen Sie im Kurs und notieren Sie die Namen. Wer hat zuerst vier Personen in einer Reihe?

◆ Kannst du gut Ski fahren?
○ Ja, ich kann sehr gut Ski fahren.

> Ja, (sehr) gut. / ein bisschen.
> Nein, nicht (so) gut. / gar nicht.

sehr gut	gut	nicht so gut	gar nicht
Fahrrad fahren	Kuchen backen	schwimmen	singen
reiten	stricken	jonglieren	kochen
tanzen	einen Hand-stand machen	Französisch sprechen	Klavier spielen
malen	Ski fahren	Tennis spielen	foto-grafieren

Variante 1: senkrecht

Variante 2: waagerecht

Variante 3: diagonal

LEKTION 7   **84** vierundachtzig

B Ja, sie **will** den Mathetest **schreiben**.

7

B1 Ordnen Sie zu.

~~will~~ aufstehen willst schreiben will ~~kommen~~

A

Ich _will_ nicht zu spät _kommen_ .

Ich will nicht zu spät kommen.

ich	will
du	willst
er/es/sie	will
wir	wollen
ihr	wollt
sie/Sie	wollen

B

_____ du nicht endlich _____ ?

C

Ja, sie _____ den Mathetest _____ .

B2 Das will ich lernen!

2 ◀)) 58-61 **a** Wer will was lernen? Hören Sie, notieren Sie und sprechen Sie.

> Anna will Französisch lernen.

A

Anna

Französisch

B

Ina und Miguel

C

Hassan

D

Kostas und Hella

b Was wollen Sie lernen? Sprechen Sie.

> Ich will Jonglieren lernen!

⇄ B3 Was wollen Sie im Deutschkurs gern machen?
Notieren Sie und sprechen Sie dann mit Ihrer Partnerin / Ihrem Partner.

– viel sprechen
– Lieder singen
– Spiele machen

viel sprechen   Grammatik üben   Filme sehen   Texte lesen

Übungen machen   Lieder hören / singen   Spiele machen

einen Brief / ein Diktat / einen Text schreiben   ...

◆ Was willst du im Deutschkurs gern machen?
○ Ich will viel sprechen, Lieder singen und Spiele machen.
  Und du? Was willst du machen?
◆ Ich will auch Spiele machen und ich will Filme sehen.

C Du **hast** nicht **gelernt**.

C1 Du hast nicht gelernt.

a Markieren Sie wie im Beispiel.

Du hast nicht gelernt.   Lara hat gerade Tee gemacht.   Ich habe Lauch gekauft.   Habt ihr den Mathe-test geschrieben?

b Ordnen Sie zu.

   A   B

○ Lili lernt Mathe.
○ Lili hat Mathe gelernt.

Lara hat Tee gemacht.

C2 Ordnen Sie zu.

~~gelernt~~ gemacht ~~geschrieben~~
gehört gespielt gesehen gelesen
gekauft gesprochen gearbeitet

	-(e)t	-en
ich habe	gelernt	geschrieben
du hast		
er/sie hat		
wir haben		
ihr habt		
sie/Sie haben		

C3 Was hat Lili gestern gemacht?

a Sehen Sie die Bilder an und ordnen Sie zu.

Lara getroffen   ~~Bauchschmerzen gehabt~~   mit Laras Lehrerin gesprochen   geschlafen
gespielt   den Mathetest geschrieben   Tee getrunken   mit Lara und Sofia gegessen

Bauchschmerzen
gehabt

b Was hat Lili wann gemacht? Sprechen Sie.

am Morgen   am Vormittag

am Nachmittag   am Abend   in der Nacht

> *Lili hat am Nachmittag gespielt.*

C4 Was haben Sie wann gemacht?

a Schreiben Sie 7 Kärtchen mit den Wochentagen und 7 Kärtchen mit Uhrzeiten.

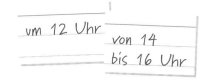

Montag Freitag   um 12 Uhr von 14 bis 16 Uhr

b Sprechen Sie mit Ihrer Partnerin / Ihrem Partner.

Freitag   um 12 Uhr

ein Buch gelesen   geschlafen   gefrühstückt

Freunde getroffen   gekocht   Musik gehört

Fußball gespielt   gegessen   gearbeitet   ...

◆ Was hast du am Freitag um 12 Uhr gemacht? Hast du Mittag gegessen?

○ Nein, ich habe gearbeitet.
Und was hast du am Montag von 14 bis 16 Uhr gemacht?

◆ Ich habe ...

> Hast du Mittag gegessen?

C5 Spiel: *Lebende Sätze*

a Schreiben Sie Sätze wie im Beispiel. Machen Sie Kärtchen.

Wir   haben   viel   gelernt   .

b Suchen Sie Ihre Partner. Bilden Sie Sätze.

D1 Hören Sie und ergänzen Sie.

A

◆ Und dein Termin heute Morgen, Sofia?
  Bist du pünktlich _gekommen_ ?
○ Superpünktlich!

B

◆ Lara, was hast du heute
  Nachmittag gemacht?
○ Ich _____ im
  Park _____ .

Ich bin spazieren gegangen .

Ich bin Fahrrad gefahren .

Bist du pünktlich gekommen ?

D2 Hören Sie und variieren Sie.

◆ Wir haben am Freitag frei. Wollen wir Fahrrad fahren ?
○ Fahrrad fahren ? Nein, nicht so gern …
  Ich bin gestern auch schon Fahrrad gefahren .
◆ Schade!
○ Wollen wir dann vielleicht in die Stadt gehen ?
◆ Ja, super! Das machen wir!

Varianten:

im Park spazieren gehen – tanzen gehen

Pizza essen – zu Lisa fahren   Skateboard fahren – zusammen kochen

⇆ **D3 Bist du schon einmal …?**

a Schreiben Sie zu zweit sechs Fragen.

Frage:
Bist du schon einmal
100 Kilometer
Fahrrad gefahren?

Name: **Ali**

Frage:
Hast du schon einmal
am Wochenende
gearbeitet?

Name:

Frage:
Bist du schon
einmal nach
Berlin gefahren?

Name:

Frage:
Hast du schon
einmal Wolken
fotografiert?

Name:

b Wer hat das schon gemacht?
  Fragen Sie im Kurs und notieren Sie die Namen.

[**SCHON FERTIG?** Was haben Sie am
  Wochenende gemacht? Schreiben Sie.

E1 Welche Wörter kennen Sie? Lesen Sie und markieren Sie.

Liebe Eltern der Klasse 4a,

am Freitag, den 26.09. ist kein Unterricht!
Ich möchte mit den Mädchen und Jungen der
Klasse 4a einen Ausflug ins Schwimmbad nach
Verden machen. Der Eintritt kostet 7,50 Euro.

Wir fahren um 8 Uhr los und
kommen um ca. 14 Uhr wieder zurück.

Mit freundlichen Grüßen
Marianne Ohler   www.martini-grundschule.de

E2 Was ist richtig? Kreuzen Sie an.

a Die Lehrerin will ○ am Samstag ☒ am Freitag   mit den Kindern ins Schwimmbad fahren.
b Der Eintritt kostet ○ 26,09 Euro. ○ 7,50 Euro.
c Der Ausflug fängt um ○ 14 Uhr ○ 8 Uhr   an.

2 ◀)) 64 ## E3 Was ist richtig? Hören Sie und kreuzen Sie an.

a ○ Jonas geht in die Klasse von Frau Ohler.
b ○ Jonas kann heute zum Ausflug mitkommen.
c ○ Jonas ist krank.

⇄ E4 Rollenspiel

Wählen Sie eine Situation und spielen Sie ein Gespräch.

Ihr Kind ist krank. Es kann nicht in die Schule gehen. Sie rufen in der Schule an.	Sie sind krank. Sie können nicht zum Deutschkurs kommen. Sie rufen in Ihrer Sprachschule an.	Ihr Kind ist krank. Sie können nicht zum Deutschunterricht kommen. Sie rufen in Ihrer Sprachschule an.

... Schule, Sekretariat, ...

Ja, guten Morgen, hier spricht ...
Mein Kind / Mein Sohn / Meine Tochter geht in die Klasse ...
Er / Sie kann heute nicht zur Schule kommen. Er / Sie ist krank.
Ich kann heute nicht zum Deutschkurs / zum Unterricht kommen.
Ich bin krank. / Mein Kind ist krank.

Oh, das tut mir leid. Ich sage
es der Lehrerin / dem Lehrer.
Gute Besserung.

Ich gehe zum Arzt.

Grammatik

1 Modalverben: *können* und *wollen* ÜG 5.09, 5.10

	können	wollen
ich	**kann**	**will**
du	kannst	willst
er/es/sie	**kann**	**will**
wir	können	wollen
ihr	könnt	wollt
sie/Sie	können	wollen

ich | kann
er/es/sie | will

Was können Sie (nicht)?
Schreiben Sie drei Sätze.

Ich ... gut ...
... ein bisschen ...
... nicht ...

2 Modalverben im Satz ÜG 10.02

	Position 2		Ende
Ich	kann	nicht zum Deutschkurs	gehen.
Sie	will	nicht zu spät	kommen.
Kannst	du	im Supermarkt	einkaufen?

3 Perfekt mit *haben* ÜG 5.03

		haben + ge...t
lernen	er lernt	er hat gelernt
machen	er macht	er hat gemacht
spielen	er spielt	er hat gespielt
kaufen	er kauft	er hat gekauft

		haben + ge...en
treffen	er trifft	er hat getroffen
trinken	er trinkt	er hat getrunken
sprechen	er spricht	er hat gesprochen
schreiben	er schreibt	er hat geschrieben

Merke:
Oft bei *ge...en* :

schreiben – geschrieben
sprechen – gesprochen
trinken – getrunken

4 Perfekt mit *sein* ÜG 5.04

		sein + ge...en (• → •)
gehen	er geht	er ist gegangen
fahren	er fährt	er ist gefahren
kommen	er kommt	er ist gekommen

Ich bin gegangen.
Ich bin gefahren.

• ⟶ •

5 Das Perfekt im Satz ÜG 10.02

	Position 2		Ende
Lara	hat	Tee	gemacht.
Ich	bin	spazieren	gegangen.
Bist	du	pünktlich	gekommen?

Kommunikation

STARKER WUNSCH: Was willst du lernen?

Was willst du/wollen Sie lernen?　　　*Ich will Jonglieren lernen.*

VORSCHLAG: Wollen wir Fahrrad fahren?

Wollen wir Fahrrad fahren?

FÄHIGKEIT: Ich kann sehr gut Ski fahren.

Kannst du/Können Sie Ski fahren?　　　*Ja, ich kann (sehr) gut /
ein bisschen Ski fahren.
Ja, (sehr) gut.
Nein, ich kann nicht (so) gut /
gar nicht Ski fahren.
Nein, nicht so gut.*

SICH/JEMANDEN ENTSCHULDIGEN: Ich bin krank.

Ich bin krank.　　　*Oh, das tut mir leid.*

*Mein Kind/Mein Sohn/Meine
Tochter ist krank. Ich/Er/Sie kann
heute nicht nicht zum Deutschkurs /
zum Unterricht kommen.*　　　*Ich sage es der Lehrerin /
dem Lehrer.*

Ich gehe zum Arzt.　　　*Gute Besserung.*

STRATEGIEN: Schade!

Ja, super! | Nein, nicht so gern. | Schade!

Schreiben Sie fünf Wünsche.

> *Ich will gut
> Deutsch lernen.
> ...*

> *Wollen wir
> schwimmen gehen?*
>
> *Nö.*

Sie möchten noch mehr üben?

2 | 65-67
AUDIO-
TRAINING

VIDEO-
TRAINING

Lernziele

Ich kann jetzt ...

A ... sagen: Das kann ich (nicht) gut:
Ich kann (nicht) gut Ski fahren. _____ ☺ ☺ ☹

B ... sagen: Das möchte ich machen:
Ich will Lieder singen und Spiele machen. _____ ☺ ☺ ☹

C ... sagen: Das habe ich gestern/früher/... gemacht:
Gestern habe ich gearbeitet. _____ ☺ ☺ ☹

D ... sagen: Das habe ich gestern/früher/... gemacht:
Am Wochenende bin ich Fahrrad gefahren. _____ ☺ ☺ ☹

E ... mich / mein Kind in der Schule / im Deutschkurs entschuldigen:
Ich kann heute leider nicht kommen. _____ ☺ ☺ ☹

Ich kenne jetzt ...

... 5 Wörter zum Thema *Schule*:
Lehrer, ...

... 5 Aktivitäten im Deutschkurs:
ein Diktat schreiben, ...

... 5 Freizeitaktivitäten:
Fußball spielen, singen, ...

Zwischendurch mal ...

FILM

Ui!

1 Sehen Sie die Filmszenen an. Welche Ausrufe kennen Sie schon?

2 Arbeiten Sie mit Ihrer Partnerin / Ihrem Partner.
Suchen Sie drei Ausrufe aus und spielen Sie selbst kleine Szenen.

3 Spielen Sie die Szenen im Kurs vor.

LESEN

Abzählreime

1 Was passt? Lesen Sie die Reime
und ordnen Sie zu.

1 *Ene mene miste,*
es rappelt in der Kiste,
ene mene meck
und du bist weg.

2 *Eins, zwei, drei, vier,*
fünf, sechs, sieben,
eine alte Frau kocht Rüben,
eine alte Frau kocht Speck
und du bist weg.

3 *Eine kleine Dickmadam*
fährt mit der Eisenbahn,
steigt dann wieder aus
und du bist raus.

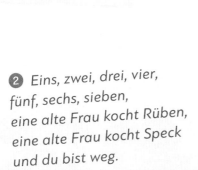

② A   ◯ B   ◯ C

2 ◀） 68 **2** Hören Sie die Abzählreime. Welcher gefällt Ihnen gut?
Lernen Sie „Ihren" Abzählreim auswendig.
Wer hat noch „Ihren" Abzählreim gelernt?
Sprechen Sie zusammen im Chor.

Beruf und Arbeit

Folge 8: Total fotogen

1 Sehen Sie die Fotos an. Was meinen Sie? Was ist richtig? Kreuzen Sie an.

a Wo spielt die Geschichte?
   ○ in Sofias Praxis
   ○ im Krankenhaus

b Was machen Lara und Tim?
   ○ ein Interview für den Deutschkurs
   ○ ein Interview für eine Zeitung
      oder das Fernsehen

c Sie sprechen mit Sofia über ...
   ○ Ausbildung und Beruf.
   ○ Familie und Beruf.

d Wer ist der Mann auf Foto 1?

   ○ Sofias Chef   ○ Sofias Patient

e Was ist der Mann von Beruf?

   ○ Journalist   ○ Hausmeister

Laras Film

3 ◀)) 1–8 **2 Hören Sie und vergleichen Sie.**

3 ◀)) 1–8 **3 Hören Sie noch einmal und ordnen Sie zu.**

Physiotherapeutin   Patient   Hausmeister   Chef   Praxis
Beruf   Journalisten   ~~Deutschkurs~~   35

a Lara will ein Interview für den _Deutschkurs_ machen.
  Das Thema ist „Arbeit und _____".
b Herr Koch ist _____ von Beruf. Er kommt auch zum Interview.
c Sofia ist _____ von Beruf. Sie hat eine Ausbildung gemacht.
d Sofia hat zuerst drei Jahre in einer _____ gearbeitet.
e Sofias _____ war sehr gut. Aber nun hat Sofia eine eigene Praxis.
f Herr Koch ist der _____ von Sofia.
g Herr Koch arbeitet seit _____ Jahren als Hausmeister.
h Herr Koch denkt, Lara und Tim sind _____ bei einer Zeitung.

A Ich bin **Physiotherapeutin**.

A1 Wer ist was von Beruf? Ordnen Sie zu.

Hausmeister ~~Physiotherapeutin~~ Arzthelferin

| Ich arbeite | als Hausmeister. |
| | bei TerraMax. |

A   B   C

Ich bin _Physiotherapeutin_ .   Ich bin _____   Ich arbeite als _____
                                von Beruf.   bei „TerraMaxImmobilien".

A2 Berufe

a Ordnen Sie zu und ergänzen Sie die Tabelle.

A   B   C   D   E

• Ärztin   • Mechatroniker • Hausfrau   • Polizistin   • Krankenpfleger

○ • _____	• Mechatronikerin
○ • Polizist	• _____
Ⓐ • Arzt	• _Ärztin_
○ • Hausmann	• _____
○ • _____	• Krankenschwester

b Machen Sie mit Ihrer Partnerin / Ihrem Partner eine Liste mit noch zehn Berufen.

   Lehrer – Lehrerin
   ...

A3 Im Kurs: Fragen Sie und antworten Sie.

Was sind Sie / bist du von Beruf?	Ich bin ... / Ich arbeite als ... bei ...
Was machen Sie / machst du (beruflich)?	Ich bin Schüler(in) / Student(in).
	Ich gehe noch zur Schule. / Ich studiere noch.
	Ich mache eine Ausbildung als ...
	Ich habe einen Job / eine Stelle als ...
	Ich bin angestellt. / selbstständig.
	Ich arbeite jetzt nicht. / Ich bin nicht berufstätig.
	Ich bin zurzeit arbeitslos.

◆ Was bist du von Beruf?
○ Ich bin Student und ich habe einen Job als Taxifahrer. Und du? Was machst du?

B **Wann** hast du die Ausbildung gemacht?

8

3 ◀) 9 **B1 Hören Sie und verbinden Sie.**

a Wann hast du die Ausbildung gemacht? ——— Meine Praxis habe ich jetzt seit vier Jahren.

b Und wie lange hat die Ausbildung gedauert? ——— Vor zehn Jahren.

c Und seit wann bist du schon selbstständig? Drei Jahre.

3 ◀) 10 **B2 Interview mit Herrn Koch**

Ergänzen Sie die Antworten. Hören Sie dann und vergleichen Sie.

◆ Wie lange arbeiten Sie schon als Hausmeister?

○ 38 Jahre!

◆ Wann haben Sie die Ausbildung gemacht?

○ _____ 40 Jahren!

Herr Koch

◆ Und seit wann arbeiten Sie bei „TerraMaxImmobilien"?

○ _____ 35 Jahren!

Wann haben Sie die Ausbildung gemacht?
Vor zehn Jahren. / Vor zwei Monaten. / 2012.
Wie lange hat die Ausbildung gedauert?
Drei Jahre. / Sechs Monate.
Seit wann / Wie lange bist du schon selbstständig?
Seit vier Jahren. / Seit acht Monaten. / Seit 2014.

B3 Eine Bewerbung

Frau Szabo möchte ein Praktikum bei der Firma „mediaplanet" machen. Der Abteilungsleiter Herr Winter hat noch Fragen. Lesen Sie die E-Mail von Frau Szabo und notieren Sie die Fragen.

E-Mail senden

Sehr geehrter Herr Winter,
ich möchte sehr gern in Ihrer Marketing-Abteilung ein Praktikum machen. Ich bin Ungarin und habe in Budapest Wirtschaft und Marketing studiert und gerade mein Diplom gemacht.
Jetzt lebe ich in Deutschland und mache im Moment ein Praktikum bei „Inova-Marketing" in Düsseldorf. Ich habe auch schon im Büro bei „S & P Media" in Köln gearbeitet. Ich spreche sehr gut Englisch und lerne auch Deutsch.
Für weitere Informationen stehe ich Ihnen gern zur Verfügung.
Mit freundlichen Grüßen
Katalin Szabo

1 Wann?
2 Seit wann?
3 Wie lange schon?
4 Wann?
5 Seit wann?

1 Wann haben Sie das Diplom gemacht?
2 Seit wann leben Sie ...

3 ◀) 11 **B4 Hören Sie das Telefongespräch. Ordnen Sie die Antworten den Fragen aus B3 zu.**

○ Seit einem Monat.
○ Das war vor zehn Monaten.
○ Schon vier Jahre.
① Vor einem Jahr.
○ Seit sechs Monaten.

| vor seit | einem Monat / einem Jahr / einer Woche |

siebenundneunzig **97** LEKTION 8

B5 Unser Kursalbum

Machen Sie ein Buch oder eine Internetseite.

a Notieren Sie Fragen für ein Interview mit Ihrer Partnerin / Ihrem Partner.

Wo ...?   Was ...?   Wann ...?   Wie lange ...?
Seit wann ...?   Wie alt ...?   ...

geboren   leben   nach Deutschland kommen
heiraten   Deutsch lernen   beruflich machen
eine Ausbildung machen   studieren
arbeiten als   Hobbys   Kinder   ...

Wann / Wo bist du geboren?
Wo hast du gelebt?
Wie lange lernst du schon Deutsch?
Was machst du beruflich?
Hast du Kinder?
Wie alt ...?
...

b Stellen Sie Ihrer Partnerin / Ihrem Partner die Fragen.

Antonio, wann bist du eigentlich geboren?

Ich bin 1989 in Italien geboren.

Wo hast du gelebt?

Ich habe in Florenz und später in Rom gelebt.

Was machst du beruflich?

In Rom habe ich als Reiseführer gearbeitet. Ich habe Touristen die Stadt gezeigt.

Oh, interessant! Und was machst du jetzt?

Man schreibt:	Man sagt:
1989	19hundert89
2015	2tausend15

c Schreiben Sie einen Text über Ihre Partnerin / Ihren Partner wie in den Beispielen.

Das ist Antonio.
Er ist 1989 in Italien
geboren. Er hat in Florenz
und Rom gelebt. Von
Beruf ist er Reiseführer.
Jetzt lernt er Deutsch
und arbeitet schon seit ...

Startseite   Kontakt

Mein Deutschkurs

Mein Kursalbum
Kurszeiten
Kursmitglieder

Das ist Zola. Sie ist 1978 in Ghana geboren. Dort hat sie in Accra gewohnt. Vor einem Jahr ist sie nach Deutschland gekommen. Seit sechs Monaten lernt Zola Deutsch. Von Beruf ist sie ...

3 ◀)) 12–13 **C1 Hören Sie und ordnen Sie zu.**

war ~~hatte~~ Hattest war

1

◆ _____ du dann gleich deine eigene Praxis?

◉ Nein, nein! Ich _hatte_ ja noch fast keine Berufserfahrung.

2

◆ Wie _____ dein Chef?

◉ Er _____ sehr, sehr professionell.

C2 Annas Blog: Früher und heute

a Annas Job früher und heute. Lesen Sie und ergänzen Sie die Tabelle.

Meine Jobs

Vor einem Jahr habe ich in einem Café gearbeitet. Ich hatte richtig viel Arbeit und oft Stress. Mein Chef war gar nicht nett. Mein Deutsch war schlecht. Ich habe die Kunden manchmal nicht verstanden. Ich glaube, ich war keine gute Kellnerin.
Heute arbeite ich in einem Restaurant. Ich habe nicht so viel Arbeit. Und meine Chefin ist toll! Mein Deutsch ist jetzt sehr gut. Heute bin ich eine super Kellnerin. ☺

	früher	heute
viel Arbeit?	_viel Arbeit_	
Chef/Chefin?		
Deutsch?		
gute Kellnerin?		_ja_

b Sprechen Sie.

> _Früher hatte Anna viel Arbeit. Heute hat sie nicht so viel Arbeit._

sein					haben				
ich	bin	→	ich	war	ich	habe	→	ich	hatte
du	bist	→	du	warst	du	hast	→	du	hattest
er/es/sie	ist	→	er/es/sie	war	er/es/sie	hat	→	er/es/sie	hatte
wir	sind	→	wir	waren	wir	haben	→	wir	hatten
ihr	seid	→	ihr	wart	ihr	habt	→	ihr	hattet
sie/Sie	sind	→	sie/Sie	waren	sie/Sie	haben	→	sie/Sie	hatten

⇄ **C3 Im Kurs: Wie war Ihr erster Job? Was machen Sie heute?**

Schreiben Sie einen Text. Mischen Sie die Zettel. Die anderen raten: Wer ist wer?

> Ich war ...
> Heute arbeite ich ...

> Ich war Verkäufer(in)/Architekt(in)/Koch/Köchin/Arbeiter(in)/...
> Ich hatte viel/wenig Arbeit./keine Berufserfahrung./viel/keinen Spaß.
> Der Job war (nicht) einfach.
> Der Chef war/Die Kollegen waren (nicht) sehr nett./professionell.

D Stellenanzeigen

D1 Lesen Sie und markieren Sie.

Was haben die Leute früher gemacht?   Was machen sie heute?
Wann können/wollen die Leute arbeiten?

Heute hier, morgen dort // *Arbeiten und Studieren in Europa*

**Im Ausland arbeiten oder studieren? Früher war das in Europa nicht leicht.
Auch heute gibt es noch das eine oder andere Problem.**

1 HALLO, ICH BIN MARIE KOVALSKÁ. Ich bin 28 und komme aus Tschechien. Von Beruf bin ich Krankenschwester. Ich bin vor drei Jahren nach Hamburg gekommen. Eine Schulfreundin aus Prag hat dort als mobile Altenpflegerin gearbeitet und ihre Firma hat Arbeitskräfte gesucht. Altenpflege war neu für mich. Für die Firma war das aber kein Problem und ich habe sofort einen Arbeitsplatz bekommen. Die Arbeit macht Spaß. Leider ist mein Deutsch noch nicht so gut. Ich möchte am Vormittag einen Deutschkurs besuchen und kann nur am Nachmittag arbeiten.

2 MEIN NAME IST MANOS OIKONOMOU. Ich bin 36. Ich hatte einen Laden in Thessaloniki. Dort habe ich Arbeitskleidung verkauft. Aber plötzlich war die Krise da und ich hatte fast keine Kunden mehr. Jetzt bin ich schon seit zwei Jahren hier in Hamburg. Zurzeit arbeite ich als Fahrer bei einem Paketdienst. Das ist nicht mein Traumjob. Ich möchte sehr gern wieder als Verkäufer arbeiten. Ich habe tagsüber immer Zeit. Am Abend gehe ich seit einem Jahr dreimal pro Woche in den Deutschkurs. Das hilft, ich kann die Leute jetzt schon viel besser verstehen.

3 ICH HEISSE MIHAELA PRICOPE, bin 21 Jahre alt und komme aus Rumänien. Ich habe eine Ausbildung als Fremdsprachensekretärin gemacht. Dabei habe ich sehr gut Englisch und Französisch gelernt. Aber leider hatte ich kein Deutsch. Seit Januar mache ich einen Intensivsprachkurs, Montag bis Freitag von neun bis fünfzehn Uhr. Ich möchte nämlich hier an der Universität in Hamburg Pharmazie studieren. Zurzeit suche ich einen Job am Nachmittag oder am Abend.

D2 Lesen Sie die Anzeigen im Stellenmarkt. Markieren Sie die Berufe und die Arbeitszeiten.

A

Ledil Supermärkte
Für unsere Hamburger Geschäfte in Harburg, Bergedorf und Wandsbek suchen wir befristet für ein Jahr Verkäufer/-innen in Vollzeit und Teilzeit. Arbeitszeit: von Montag bis Samstag, ganztags oder halbtags (vormittags 7–14 Uhr / nachmittags 13–20 Uhr).

B

Wer kann Nachhilfe in Englisch geben? Montags und donnerstags von 16 bis 18 Uhr, Tutorium GmbH, Tel. 788 65 52 oder b.bauer@tutorium.de

C

Seniorenresidenz Isabella
Wir suchen ab sofort Pflegefachkräfte für 15 Std./Woche für nachmittags, 14 bis 17 Uhr. E-Mail: seniorenresidenz-isabella@pflegedienste.de

D

Aushilfen dringend gesucht
Für das Café *Bistro Classico* suchen wir von 14 bis 21 Uhr Aushilfen in der Küche auf 450-Euro-Basis und eine Vollzeitkraft im Service/Verkauf, Mo–Sa, 9 bis 16 Uhr. Tel.: 78 65 44 08

jeden Vormittag = vormittags
auch so: morgens, mittags, abends …

jeden Montag = montags
auch so: dienstags, mittwochs …

D3 Welche Anzeige aus D2 passt zu welcher Person aus D1? Ordnen Sie zu.

○ Herr Oikonomou   ○ Frau Kovalská   ○ Frau Pricope

3 ◀) 14 **D4 Stellenanzeige**

Lesen Sie die Anzeige und hören Sie das Telefongespräch. Was ist richtig? Kreuzen Sie an.

> **Café Rudolf**
> Wir suchen Servicekräfte für vormittags oder nachmittags. Arbeitsbeginn sofort. Bewerbungen bitte an *Rudolf Brot GmbH*, Rathausplatz 5, 27721 Ritterhude. Telefonische Nachfragen unter 0 42 92/65 48 82 32.

a ○ Die Arbeitszeit ist von Montag bis Samstag von 15 bis 19 Uhr.
b ○ Am Samstagvormittag hat das Café *Rudolf* geöffnet.
c ○ Herr Bechtold will gern am Nachmittag arbeiten.
d ○ Das Café *Rudolf* zahlt 10 Euro pro Stunde.

D5 Sie suchen eine Stelle.

Lesen Sie die Anzeige und spielen Sie ein Gespräch.

> **Fibio – Lebensmitteldiscounter**
> Aushilfe im Supermarkt gesucht, jeweils samstags von 10 bis 18 Uhr
> 8,50 €/Stunde
> Tel.: 0177/58 45 336

◆ ..., guten Tag.

○ Guten Tag, mein Name ist ...
Ich habe Ihre Anzeige gelesen.
Sie suchen eine ... Ist die Stelle noch frei?

◆ Ja.

○ Gut. Und wie ist die Arbeitszeit?

◆ ...

○ Aha, das passt. Und wie ist der Verdienst pro Stunde?

◆ Wir zahlen ...

○ Gut, okay.

◆ Dann kommen Sie doch mal vorbei. Können Sie am ... um ... Uhr?

○ Ja, da kann ich.

◆ Gut, dann bis ...
Auf Wiederhören!

D6 Sie suchen eine Stelle. Schreiben Sie eine Anzeige.

Suche Arbeit als Krankenpfleger für einen Tag in der Woche am Abend. Tel.: 0471/64583

SCHON FERTIG? Ihr Traumberuf? Ihre Arbeitszeiten? Was machen Sie? Schreiben Sie.

für	• einen	Tag in der Woche
	• ein	Wochenende
	• eine	Stunde am Tag
	• zwei	Wochen

Grammatik und Kommunikation

Grammatik

1 Nomen: Wortbildung ÜG 11.01

-in

- der Mechatroniker
- der Arzt

- die Mechatronikerin
- die Ärztin
- ⚠ • die Mechatronikerinnen

⚠ • der Hausmann
   • der Krankenpfleger

- die Hausfrau
- die Krankenschwester

Ergänzen Sie.

Er ist _____ von Beruf.

Sie ist _____ von Beruf.

2 Lokale Präposition: *bei*, modale Präposition: *als* ÜG 6.03

Wo arbeiten Sie?	
Ich arbeite	als Hausmeister.
	bei TerraMax.

Und Sie? Was sind Sie von Beruf? Wo arbeiten Sie? Schreiben Sie.

Ich ...

3 Temporale Präpositionen: *vor, seit* + Dativ ÜG 6.01

		Singular			Plural	
Wann?						
Ich habe	vor	• einem Monat	• einem Jahr	• einer Woche	• zwei Monaten	die Ausbildung gemacht.
Seit wann? / Wie lange?						
Ich bin	seit	• einem Monat	• einem Jahr	• einer Woche	• zwei Jahren	selbstständig.

4 Temporale Präposition: *für* + Akkusativ ÜG 6.01

	Singular			Plural	
Für wie lange?					
Ich suche für	• einen Monat	• ein Jahr	• eine Woche	• zwei Wochen	eine Arbeit.

Schreiben Sie fünf Sätze.

Sie haben fünf Wünsche frei! Wo oder wer möchten Sie für einen Tag, eine Woche oder ein Jahr sein?

Ich möchte gern für ein Jahr in Italien am Meer sein.

5 Präteritum: *sein* und *haben* ÜG 5.06

	sein		haben	
	Präsens	Präteritum	Präsens	Präteritum
ich	bin	war	habe	hatte
du	bist	warst	hast	hattest
er/es/sie	ist	war	hat	hatte
wir	sind	waren	haben	hatten
ihr	seid	wart	habt	hattet
sie/Sie	sind	waren	haben	hatten

Früher und heute. Schreiben Sie drei Sätze über sich.

Früher war/hatte ich ...
Heute bin/habe ich ...

Kommunikation

ÜBER DEN BERUF SPRECHEN: Was sind Sie von Beruf?

Was sind Sie / bist du von Beruf?

Was machen Sie / machst du (beruflich)?

Ich bin ... / Ich arbeite als ... bei ... | Ich bin Schüler(in) / Student(in).
Ich gehe noch zur Schule. | Ich studiere noch. | Ich mache eine
Ausbildung als ... | Ich habe einen Job / eine Stelle als ... | Ich bin
angestellt. / selbstständig. | Ich arbeite jetzt nicht. | Ich bin nicht
berufstätig. | Ich bin zurzeit arbeitslos.

ÜBER PRIVATES SPRECHEN: Wann bist du geboren?

Wann bist du geboren?	*19../20..*
Wo bist du geboren?	*In ...*
Wo hast du gelebt / gewohnt?	*In ... und in ...*
Wann bist du nach Deutschland gekommen?	*Vor einem Jahr ... / Vor sechs Monaten. / 19../20..*
Seit wann / Wie lange lernst du schon Deutsch?	*Seit zwei Jahren. / Zwei Jahre.*

ÜBER BERUFSERFAHRUNGEN SPRECHEN: Ich hatte viel Arbeit.

Ich war Verkäufer(in). / Architekt(in). / Koch. / Köchin. / Arbeiter(in). / ...
Ich hatte viel / wenig Arbeit. / keine Berufserfahrung. / viel / keinen Spaß.
Der Job war (nicht) einfach. | Der Chef war / Die Kollegen waren
(nicht) sehr nett. / professionell.

AM TELEFON NACH EINER STELLE FRAGEN: Ist die Stelle noch frei?

Guten Tag, mein Name ist ... | Ich habe Ihre Anzeige gelesen. | Sie
suchen eine(n) ... | Ist die Stelle noch frei? | Wie ist die Arbeits-
zeit / der Verdienst pro Stunde?

Wir zahlen ... | Dann kommen Sie doch mal vorbei. | Können Sie
am ... um ... Uhr?

Schreiben Sie über die Berufe von drei Freundinnen / Freunden.

Meine Freundin Tina ist Polizistin, aber sie arbeitet jetzt nicht. Sie hat ein Kind.
Mein Freund ...

Ihr Leben. Schreiben Sie.

Ich bin 1988 in Madrid geboren und habe auch 20 Jahre dort gelebt. Vor ...

Sie möchten noch mehr üben?

3 | 15–17
AUDIO-
TRAINING

VIDEO-
TRAINING

Lernziele

Ich kann jetzt ...

A ... sagen: Das ist mein Beruf: *Ich bin Physiotherapeutin.* _____ ☺ ☺ ☹

B ... über Privates / mein Leben / meinen Beruf sprechen:
  In Rom habe ich als Reiseführer gearbeitet. _____ ☺ ☺ ☹

C ... über früher sprechen: *Ich hatte viel Arbeit.* _____ ☺ ☺ ☹

D ... Stellenanzeigen und Texte zum Thema „Beruf" verstehen:
  Aushilfen gesucht! _____ ☺ ☺ ☹

  ... am Telefon nach einer Arbeitsstelle fragen: *Ist die Stelle noch frei?* ☺ ☺ ☹

  ... eine Stellenanzeige schreiben: *Suche Arbeit als Krankenpfleger* ___ ☺ ☺ ☹

Ich kenne jetzt ...

8 Berufe:

der Arzt, ...

5 Wörter zum Thema *Arbeit und Beruf*:

die Ausbildung, ...

FILM

Heidis Lieblingsladen

1 Kenans Arbeitstag. Sehen Sie den Film an und ordnen Sie.

A　　　　　　　　B　　　　　　　　C

Das ist Kenan Cinar. Er hat einen Obst- und Gemüseladen. Wie ist sein Arbeitstag?

○ Laden öffnen　　○ Laden schließen　　○ Kunden kommen
○ zu seinem Laden fahren und alles vorbereiten　　② in die Großmarkthalle fahren
○ Obst und Gemüse kaufen　　① früh aufstehen　　○ aufräumen und sauber machen

2 Wie ist Ihr Arbeitstag? Machen Sie Fotos und erzählen Sie.

COMIC

Der kleine Mann: Was sind Sie von Beruf?

Lesen Sie den Comic.
Machen Sie dann ein Rätsel wie im Comic.

Ich stehe den ganzen Tag.
Ich habe viele Kunden.
Ich verkaufe Obst und Gemüse.

Du bist
Verkäuferin.

VON BERUF ERZIEHERIN

Liebe plus Zeit

Luisa, du bist Erzieherin. Du arbeitest also mit Kindern ...
Moment! Nicht alle Erzieher arbeiten mit Kindern. Es gibt auch andere Erzieher, zum Bei-
5 spiel für Jugendliche. Aber meine Kolleginnen und ich arbeiten hier im Kindergarten natürlich mit Kindern.

Was macht ihr denn da? Erzähl doch mal!
Ach, das ist so viel! Wir spielen mit den
10 Kindern, wir singen und tanzen zusammen, wir machen Musik und Sport, wir basteln und malen, wir kochen und essen gemeinsam und so weiter. Und wir schauen bei jedem Kind: Was macht es? Wie geht es ihm? Was kann es
15 schon? Wie lernt es? Spielt es mit den anderen Kindern oder ist es oft allein? Ist es gesund? Gibt es Probleme?

Warum eigentlich Erzieherinnen? Können die Eltern ihre Kinder denn nicht
20 **selbst erziehen?**
Wir wissen alle: Erziehung ist Liebe plus Zeit. Alle Väter und Mütter lieben ihre Kinder. Aber oft arbeiten beide Eltern und dann gibt es ein Problem. Dann haben sie nämlich nur am
25 Abend und am Wochenende wirklich Zeit für ihre Kinder. Und viele Kinder leben nur bei der Mutter oder nur beim Vater. Für diese Eltern ist Kindererziehung besonders schwer. Sie arbeiten ja auch meist den ganzen Tag und sind am
30 Abend müde.

Aber in manchen Familien bleibt doch ein Elternteil bei den Kindern zu Hause ...
Ja, das stimmt. Aber der Kindergarten ist für alle Kinder gut. Sie spielen und lernen dort
35 zusammen mit anderen Kindern. Besonders wichtig ist das für Kinder aus Migrantenfamilien: Im Kindergarten lernen sie zum Beispiel schnell Deutsch.

In deinem Beruf arbeiten fast nur Frauen.
40 **Was meinst du dazu?**
Ja, das stimmt leider. In Deutschland gibt es mehr als 96 Prozent Erzieherinnen und nicht mal vier Prozent Erzieher. Leider verdienen Erzieherinnen und Erzieher nicht sehr viel.
45 Und viele Männer denken auch immer noch: „Kleinkinder erziehen? Nein, das ist nichts für mich!" Ich finde das sehr, sehr schade. Für eine gute Erziehung brauchen wir auch die Männer.

1 Was macht Luisa mit den Kindern im Kindergarten? Lesen Sie den Text und markieren Sie.

2 Lesen Sie den Text noch einmal. Was ist richtig? Kreuzen Sie an.

a ☒ Luisa ist Erzieherin und arbeitet in einem Kindergarten.
b ○ In dem Kindergarten können die Kinder nicht essen.
c ○ Viele Eltern haben am Wochenende keine Zeit für ihre Kinder.
d ○ Kinder aus Migrantenfamilien können im Kindergarten schnell Deutsch lernen.
e ○ In Deutschland arbeiten sehr viele Männer als Erzieher.

Ämter und Behörden

Folge 9: Na los, komm mit!

1 Haben Sie einen Führerschein? Haben Sie ein Auto? Erzählen Sie.

Ich habe seit fünf Jahren einen Führerschein.

Ich brauche kein Auto und ich kann nicht Auto fahren.

2 Sehen Sie die Fotos an. Wo sind Lara und Tim wann? Ordnen Sie die Sätze.

○ Sie sind am Zentralen Omnibusbahnhof.
Sie wollen ein Busticket kaufen.

① Sie sind auf einem Amt. Sie wollen wissen: Ist der Führerschein gültig?

○ Sie sind bei einer Autovermietung. Sie wollen ein Auto mieten.

3 ◀)) 18–25   **3 Hören Sie und vergleichen Sie.**

Laras
und Tims
Film

3 ◀)) 18–25   **4 Hören Sie noch einmal und korrigieren Sie.**

~~keinen~~   Salzburg   Zentralen Omnibusbahnhof   zwei

sechs   zwanzig   mieten   keinen

a Tim möchte ein Auto mieten und nach Polen fahren. ....

b Aber mit einem ausländischen Führerschein kann man
   nur acht Monate in Deutschland fahren. ....

c Tim hat ~~einen~~ internationalen Führerschein. *keinen*

d Lara kommt aus der EU. Sie braucht einen internationalen Führerschein. ....

e Lara möchte ein Auto kaufen. ....

f Aber sie bekommt kein Auto. Sie ist zu jung, sie ist erst 21 Jahre alt. ....

g Sie können den Bus nehmen. Die Fahrt dauert nur neun Stunden. ....

h Lara und Tim kaufen Fahrkarten 🎟   im ZOB, also im „Zimmer ohne
   Balkon". ....

EU = ● die Europäische
       Union

A Sie **müssen** einen Antrag **ausfüllen**.

A1 Tim braucht den internationalen Führerschein.

a Ordnen Sie zu.

A

B

C

- ○ Er muss einen Antrag ausfüllen.
- ○ Er muss einen kanadischen Führerschein haben.
- ○ Er muss den Ausweis, den Führerschein und ein Foto mitbringen.

müssen	
ich	muss
du	musst
er/es/sie	muss
wir	müssen
ihr	müsst
sie/Sie	müssen

Er muss einen Antrag ausfüllen.

3 ◀) 26 **b** Bei der Führerscheinstelle. Hören Sie und variieren Sie.

- ◆ Guten Tag. Ich brauche den internationalen Führerschein.
  Was muss ich da machen?
- ○ Sie müssen einen Antrag ausfüllen.

Varianten:

viele Papiere mitbringen

einen Antrag unterschreiben   15 Euro bar bezahlen

3 ◀) 27 **A2 Eine Fahrkarte kaufen**

a Was ist richtig? Hören Sie und kreuzen Sie an.

1 Der Mann versteht ○ nicht gut Deutsch. ○ den Automaten nicht.
2 Der Fahrkartenautomat ○ funktioniert. ○ funktioniert nicht.
3 Der Mann bekommt ○ eine ○ keine   Fahrkarte.

b Hören Sie noch einmal und ordnen Sie.

- ○ bezahlen
- ○ Erwachsener/Kind auswählen
- ① das Ziel wählen
- ○ die Fahrkarte und das Wechselgeld nehmen
- ○ die Fahrkarte stempeln

ich, du, er … = spezielle Person
man   = alle / jede Person
⚠ man   ≠ Mann

c Sprechen Sie.

> Zuerst muss man …   Danach … und dann …
>   Dann … Zum Schluss …

🔄 **A3 Was müssen Sie heute noch machen?**
Erzählen Sie.

> Ich muss meine Tochter
> abholen. Und dann muss
> ich noch einkaufen.

B Sieh mal!

B1 Komm mit!

3 ◀)) 28 **a** Hören Sie und ordnen Sie zu.

| Bring | Geh | ~~sieh~~ | komm | warte |

◆ Du, _sieh_ mal! Da vorne ist eine Autovermietung.
Da gehen wir jetzt hin und fragen. Na los, _____ mit!

○ Ja, gleich. _____ du schon! Ich will noch schnell in den Laden da. Ich habe so einen Hunger.

◆ Okay. Tim, _____ mal! _____ ein Wasser für mich mit!

| du siehst | → | Sieh mal! |
| du kommst mit | → | Komm mit! |

b Was soll Tim alles machen? Was sagt Lara? Schreiben Sie.

zu Walter fahren und Lili abholen
die Hausaufgaben machen
einen Kaffee mitbringen   leise sein
Lili die Matheübung erklären
eine E-Mail an die Lehrerin schreiben

Fahr zu Walter und ...

⚠ du bist ... → Sei leise!
du fährst → Fahr!

B2 In der Klasse

3 ◀)) 29 **a** Was sagt der Lehrer? Hören Sie und kreuzen Sie an.

○ Seid bitte nicht so laut! ○ Macht doch die Handys aus!
○ Schließt bitte die Bücher! ○ Öffnet bitte die Bücher!
○ Hört doch bitte zu! ○ Lest bitte den Text!
○ Steht bitte nicht auf!

Hört zu!	ihr hört zu	→	Hört zu!
Hört bitte zu!	⚠ ihr seid ...	→	Seid nicht so laut!
Hört doch (bitte) zu!			

b Was sollen die anderen in Ihrem Kurs tun?
Schreiben Sie mit Ihrer Partnerin / Ihrem Partner drei Sätze.   *Kommt doch bitte pünktlich!*

B3 In der Sprachenschule

Was muss man machen? Lesen Sie und ergänzen Sie die Tabelle.

Anmeldung zum Sprachunterricht
Warten Sie bitte im Wartebereich.
Bringen Sie bitte Ihren Pass zur
Anmeldung mit. Bezahlen Sie die
Kursgebühren an der Kasse im
1. Stock. Seien Sie bitte leise.
Die anderen haben Unterricht.

Sie warten	→	_Warten Sie!_
Sie bringen ... mit	→	_____!
Sie bezahlen	→	_____!
⚠ Sie sind leise	→	_____ bitte leise!

⇆ B4 Regeln einmal anders

Schreiben Sie mit Ihrer Partnerin / Ihrem Partner drei Regeln
für die Kursleiterin / den Kursleiter.

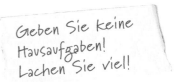

Geben Sie keine Hausaufgaben! Lachen Sie viel!

C Sie **dürfen** in der EU Auto **fahren**.

3 ◀)) 30 **C1 Was ist richtig? Hören Sie und kreuzen Sie an.**

a ○ Tim ○ Lara   darf im Moment nicht in Deutschland Auto fahren.
   ○ Er ○ Sie   hat keinen internationalen Führerschein.
b ○ Tim ○ Lara   muss einen internationalen Führerschein beantragen.
c ○ Tim ○ Lara   darf in der EU Auto fahren.

dürfen	
ich	darf
du	darfst
er/es/sie/man	darf
wir	dürfen
ihr	dürft
sie/Sie	dürfen

Sie dürfen in der EU Auto fahren.

C2 Spielen Sie Gespräche mit Ihrer Partnerin / Ihrem Partner.

A    B    C    D

du – das Handy
ausmachen –
nicht telefonieren

ihr – die Zigaretten –
ausmachen – nicht
rauchen

du – langsam
fahren –
nur 100 fahren

wir – einen neuen
Parkplatz suchen –
nicht parken

◆ Achtung! Du musst das Handy ausmachen.
○ Warum denn?
◆ Hier darf man nicht telefonieren.

⇆ **C3 Eine Fernbus-Reise: Was ist erlaubt? Was ist verboten? Was meinen Sie?**
Notieren Sie „Ihre" Regeln und sprechen Sie mit Ihrer Partnerin / Ihrem Partner.

Fahrrad mitnehmen   Eis essen   Gepäck abgeben   Musik hören
Fahrkarte kaufen   rauchen   Laptop benutzen   schlafen   ...

Unsere Regeln

man darf:	man darf nicht:	man muss:
Fahrrad mitnehmen	Eis essen	Gepäck abgeben

◆ Man muss das Gepäck abgeben.
○ Ja. Und man darf im Bus kein Eis essen. Das ist verboten.
◆ Aber man darf sein Fahrrad mitnehmen.

D Meldeformular

D1 Was ist richtig? Sehen Sie das Formular an und kreuzen Sie an.

a Giorgio Greco wohnt jetzt ○ in Köln. ○ in Berlin.

b Er wohnt ○ allein. ○ nicht allein.

Anmeldung bei der Meldebehörde

Neue Wohnung (Adresse): Deutzstraße 56, 50679 Köln

Bisherige Wohnung (Adresse): Friedrichstraße 209, 10117 Berlin

Die Anmeldung gilt für folgende Personen:

Person	Familienname	Geburtsname	Vorname(n)	Geschlecht		Familienstand
1	Greco		Giorgio	☒ m	○ w	verheiratet
2	Greco	Romano	Nicoletta	○ m	☒ w	verheiratet
3						

3 ◄)) 31 **D2 Auf dem Amt: Darf ich Sie etwas fragen?**

a Welche Wörter kennt Giorgio Greco nicht? Hören Sie das Gespräch und markieren Sie.

● bisherige Wohnung   ● der Ausländer   ● das Geschlecht   getrennt   ● die Frau
● der Familienstand   männlich   weiblich   ● der / ● die Angehörige   ● die Tochter

b Was sagt Herr Greco? Hören Sie das Gespräch noch einmal und markieren Sie.

Darf ich Sie etwas fragen?   Was bedeutet denn „bisherige Wohnung"?
Können Sie das bitte wiederholen?   Was heißt „Geschlecht"?
Können Sie das bitte erklären?   Das habe ich nicht verstanden.   Noch einmal, bitte.

D3 In der Sprachenschule

Spielen Sie ein Gespräch mit Ihrer Partnerin / Ihrem Partner.

Partner A	Partner B
Sie möchten einen Kurs besuchen und müssen eine Anmeldung ausfüllen. Sie verstehen aber viele Wörter nicht (Familienname, Vorname, Geburtsdatum, Wohnort ...) Bitten Sie um Hilfe.	Sie sind Sekretärin/Sekretär. Helfen Sie bei der Anmeldung. Erklären Sie schwierige Wörter: Familienname, Wohnort ...

Darf ich Sie etwas fragen?
Können Sie mir helfen?
Helfen Sie mir?
Ich brauche eine Auskunft.
Ich verstehe ... nicht.
Das habe ich nicht verstanden. Ich kann noch nicht so gut Deutsch.

Was heißt/bedeutet das?
Was heißt ...?
Können Sie das bitte erklären?
Können Sie das bitte wiederholen?
Wie bitte?
Noch einmal, bitte.

ich   helfe
du   hilfst
er/es/sie hilft

einhundertelf **111** **LEKTION 9**

E1 Lesen Sie den Text und kreuzen Sie an: Was ist richtig?

a Lesen Sie Abschnitt 1.
1 ☒ Juliette möchte Eva besuchen.

2 ○ Sie hat eine Einreiseerlaubnis und darf drei Monate bei Eva bleiben.

b Lesen Sie Abschnitt 2.
1 ○ Juliette braucht eine Verpflichtungserklärung.

2 ○ Juliette muss unterschreiben: Ich habe genug Geld für eine Wohnung und Essen.

c Lesen Sie Abschnitt 3.
1 ○ Ein Einkommensnachweis ist ein Dokument. Damit kann man zeigen: Man hat eine Firma.

2 ○ Eva muss bei der Ausländerbehörde einen Einkommensnachweis und ihren Ausweis zeigen.

d Lesen Sie Abschnitt 4.
1 ○ Juliette braucht für ihre Reise auch eine Krankenversicherung.

2 ○ Sie bekommt die Krankenversicherung nur in Madagaskar.

e Lesen Sie Abschnitt 5.
1 ○ Juliette bekommt leider kein Visum.

2 ○ Sie bringt alle Dokumente zur Botschaft.

Möchtest du im Sommer nach Deutschland kommen?

1

Juliette lebt in Madagaskar, in Antananarivo. Beim Chat im Internet lernt sie Eva kennen. Eva wohnt in Deutschland. Eva lädt Juliette ein.

 Juliette darf nicht einfach nach Deutschland fahren. Zuerst muss sie zur Deutschen Botschaft in Antananarivo gehen. Sie braucht ein Besuchervisum. Das ist eine Einreiseerlaubnis. Damit kann Juliette für maximal 90 Tage nach Deutschland kommen.

2 ### DEUTSCHE BOTSCHAFT, ANTANANARIVO

JULIETTE: Mein Name ist Juliette Raherisoa. Ich möchte meine Freundin Eva Ruhland in München besuchen und brauche ein Besuchervisum.

MITARBEITER: Aha. Haben Sie denn eine „Verpflichtungserklärung" von Frau Ruhland?

JULIETTE: Eine „Verpflichtungserklärung"? Hm, dieses Wort verstehe ich nicht. Können Sie das erklären?

MITARBEITER: Nein, aber ich hole einen Dolmetscher.

 Juliette braucht eine schriftliche Verpflichtungserklärung für ausländische Besucher von Eva. Eva muss unterschreiben: Ich bezahle alles, was Juliette in Deutschland zum Leben braucht (Wohnung, Essen, …).

3 EVA RUFT BEI DER BEHÖRDE AN.

EVA: Guten Tag. Mein Name ist Eva Ruhland. Eine Freundin aus Madagaskar möchte mich besuchen. Für das Besuchervisum braucht sie meine Verpflichtungserklärung. Kann ich die telefonisch bekommen?

BEAMTER: Nein, Sie müssen in die Ausländerbehörde kommen. Sie müssen Ihren Ausweis mitbringen und einen „Einkommensnachweis".

 Eva muss zur Ausländerbehörde gehen und dort einen Einkommensnachweis und ihren Ausweis zeigen. Die Behörde möchte wissen: Verdient Eva Geld? Kann sie für Juliette bezahlen? Den Einkommensnachweis bekommt Eva in ihrer Firma.

4 AUSLÄNDERBEHÖRDE, MÜNCHEN

BEAMTIN: So, bitte. Hier ist Ihre Verpflichtungserklärung.

EVA: Vielen Dank. Hoffentlich hat Juliette jetzt alles für ihr Besuchervisum.

BEAMTIN: Ich denke schon. Eine Krankenversicherung für die Reise hat sie ja, oder?

 Ohne Reisekrankenversicherung bekommt Juliette kein Visum. Die Reisekrankenversicherung zahlt, wenn Juliette auf der Reise krank wird. Zum Glück kann Eva so eine Versicherung für Juliette auch in Deutschland bekommen.

5 DEUTSCHE BOTSCHAFT, ANTANANARIVO

JULIETTE: Hier ist mein Reisepass und hier sind die Verpflichtungserklärung von Frau Ruhland und meine Krankenversicherung. Bekomme ich jetzt mein Besuchervisum für Deutschland?

MITARBEITER: Ja, natürlich bekommen Sie jetzt Ihr Visum.

E2 Ergänzen Sie müssen oder dürfen.

Juliette _darf_ nicht einfach zu Eva reisen. Sie _____ zuerst ein Visum haben.

Für das Visum _____ Eva eine Verpflichtungserklärung unterschreiben.

Zur Deutschen Botschaft _____ Juliette viele Dokumente mitbringen.

Mit dem Visum _____ Juliette für maximal 90 Tage nach Deutschland kommen.

Grammatik und Kommunikation

Grammatik

1 Modalverben: *müssen* und *dürfen* `ÜG` 5.11

	müssen	dürfen
ich	**muss**	**darf**
du	musst	darfst
er/es/sie/man	**muss**	**darf**
wir	müssen	dürfen
ihr	müsst	dürft
sie/Sie	müssen	dürfen

Hier darf man
nicht essen.

Hier darf man
rauchen.

Hier muss man
leise sein.

2 Modalverben im Satz `ÜG` 10.02

	Position 2		Ende
Er	muss	einen Antrag	ausfüllen.
Sie	dürfen	in der EU Auto	fahren.

Zu Hause: Wer muss was machen?
Wer darf was? Schreiben Sie vier
Sätze.

*Mein Mann muss immer
das Bad putzen.*
...

3 Pronomen: *man* `ÜG` 3.01

Zuerst muss man das Ziel wählen.
= Zuerst müssen <u>alle</u> das Ziel wählen.

4 Imperativ `ÜG` 5.19

		⚠	⚠
(du)	Komm mit! Sieh mal!	Fahr langsam!	Sei leise!
(ihr)	Hört zu!		Seid leise!
(Sie)	Warten Sie bitte!		Seien Sie leise!

Merke:
☹ So ist es nicht sehr freundlich:
   Komm!

☺ So ist es freundlich:
   Komm bitte!
   Komm doch bitte!

5 Verb: Konjugation `ÜG` 5.01

	helfen
ich	helfe
du	hilfst
er/es/sie	hilft
wir	helfen
ihr	helft
sie/Sie	helfen

~~du~~ siehst ⇒ Sieh!
~~ihr~~ seht ⇒ Seht!

 du schl**ä**fst ⇒ Schl**a**f!

Sie sehen

Sehen Sie!

Kommunikation

NACHFRAGEN: Wie bitte?

Darf ich Sie etwas fragen?

Können Sie mir helfen?

Helfen Sie mir?

Ich brauche eine Auskunft.

Ich verstehe ... nicht.

Das habe ich nicht verstanden. Ich kann noch nicht so gut Deutsch.

Was heißt/bedeutet das?

Was heißt ...?

Können Sie das bitte erklären?

Können Sie das bitte wiederholen?

Wie bitte?

Noch einmal, bitte.

EINE AUSSAGE GLIEDERN: Zuerst ...

Zuerst muss man ...

Danach ... und dann ...

Dann ...

Zum Schluss ...

> Ich brauche eine Auskunft.

Was haben Sie heute im Deutschkurs gemacht? Schreiben Sie.

Zuerst ...
Dann ...
Danach ...
Zum Schluss ...

Sie möchten noch mehr üben?

3 | 32–34 🔊
AUDIO-
TRAINING

VIDEO-
TRAINING

Lernziele

Ich kann jetzt ...

A ... sagen: Das muss ich machen: *Ich muss den Antrag ausfüllen.* _____ ☺ ☺ ☹

B ... Aufforderungen verstehen und Anweisungen geben:
   Bring bitte ein Wasser für mich mit. _____ ☺ ☺ ☹

C ... sagen: Das ist erlaubt und verboten:
   Sie dürfen in der EU Auto fahren. _____ ☺ ☺ ☹

D ... um Erklärung bitten: *Entschuldigung, was bedeutet ...?* _____ ☺ ☺ ☹

E ... Informationen zu Einreisedokumenten verstehen _____ ☺ ☺ ☹

Ich kenne jetzt ...

5 Wörter zum Thema *Amt*:

der Ausweis, ...

5 Wörter zu einem Meldeformular:

das Geschlecht,

männlich, ...

COMIC

Der kleine Mann: Lachen Sie!

Geben Sie Ihrer Partnerin / Ihrem Partner drei Anweisungen. Sie/Er führt die Anweisungen aus. Tauschen Sie dann die Rollen.

• ein Wort schreiben • ein Lied singen aufstehen pfeifen • ein Bild malen ...

HÖREN

3 ◀)) 35–37

Kafauer - ach, ist dort nicht das Kreisverwaltungsreferat?

1 Was ist richtig? Hören Sie das Telefongespräch und kreuzen Sie an.

a ☒ Herr Gingrich kommt aus den USA.
b ○ Er wohnt nicht in Deutschland.
c ○ Er ruft beim Kreisverwaltungsreferat an.

d ○ Er telefoniert mit vier Leuten.
e ○ Er muss ein Formular ausfüllen.
f ○ Er kann das Formular im Internet finden.

2 Hören Sie noch einmal.

a Ergänzen Sie.

Was ist die Abkürzung für „Kreisverwaltungsreferat"? K __V__
Er muss ein M_____formular ausfüllen.

b Was muss er mit dem Formular machen? Ordnen Sie.

○ unterschreiben   ○ ausfüllen   ○ an das KVR schicken   ○ ausdrucken   ① herunterladen

Viel „müssen" – wenig „dürfen"

Wie ist das bei Ihnen? Müssen Sie auch so viel und dürfen Sie auch so wenig? Ich muss von Montag bis Freitag jeden Morgen um sechs Uhr aufstehen. Ich muss schnell frühstücken. Dann muss ich zuerst die U-Bahn um Viertel vor sieben nehmen und danach den Bus um sieben Uhr zehn.

Um halb acht muss ich im Büro sein. Dort muss ich bis zwölf Uhr arbeiten. Dann darf ich eine halbe Stunde Mittagspause machen. Von halb eins bis vier muss ich wieder arbeiten. Dann muss ich den Bus um fünf nach vier nehmen und danach die U-Bahn um fünf vor halb fünf. Auf dem Heimweg muss ich noch schnell einkaufen gehen, dann muss ich kochen und die Wohnung ein bisschen sauber machen. Um acht Uhr darf ich endlich entspannen.

Um elf Uhr muss ich dann aber schon wieder ins Bett gehen. Ich muss einfach meine sieben Stunden Schlaf haben. Na, zum Glück gibt es die Wochenenden. Da muss ich nicht so viel und darf viel mehr. Zum Beispiel richtig ausschlafen. Juhu!

1 Lesen Sie den Text und ergänzen Sie den Terminkalender von Jasmin.

Uhrzeit:	Das mache ich:
06:00 Uhr	aufstehen und frühstücken
06:45 Uhr	U-Bahn
07:10 Uhr	
07:30	Büro
07:30 – 12:00 Uhr	
12:00 – 12:30 Uhr	
	Arbeitsende
16:05 Uhr	
	U-Bahn
	entspannen →
23:00 Uhr	

2 Ihr Tag: Was müssen Sie machen? Was dürfen Sie machen?

a Machen Sie Notizen und schreiben Sie einen Text über sich.

6:00 aufstehen
6:30 Frühstück für die
    Kinder machen
7:30 die Kinder in die
    Schule bringen
...

Ich muss um sechs aufstehen. Um halb sieben muss ich Frühstück für die Kinder machen und um halb acht muss ich sie in die Schule bringen. ...

b Lesen Sie Ihrer Partnerin / Ihrem Partner Ihren Text vor. Sie/Er stellt Fragen.

Gehen deine Kinder nicht allein in die Schule?

Gesundheit und Krankheit

Folge 10: Unsere Augen sind so blau.

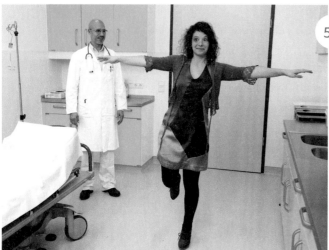

1 Sehen Sie die Fotos an und zeigen Sie.

• der Klub   • die Notaufnahme   • der Arzt   • der Wartebereich   • die Schmerztablette

3 ◀)) 38–45

2 Was meinen Sie? Wer sagt was? Verbinden Sie.
Hören Sie dann und vergleichen Sie.

a Mein Auge tut weh!
b Meine Freundin hatte einen Unfall.
c Der Doktor kommt gleich.
d Na, wo haben Sie denn Schmerzen?
e Wir gehen zum Arzt.
f Ich soll das Auge kühlen.

Lara
Laras Freundin Ioanna
der Arzt
die Mitarbeiterin

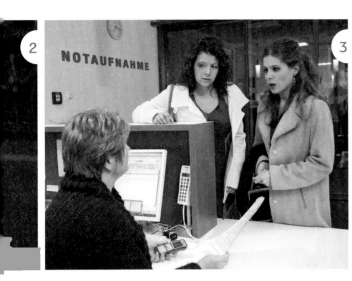

3 Hören Sie noch einmal. Ordnen Sie die Sätze.

3 ◀)) 38–45

○ Die Mädchen gehen ins Krankenhaus.

① Ioanna und Lara haben im Klub getanzt.

○ Ioanna hat einen Unfall. Das Auge ist blau. Sie hat Schmerzen.

○ Der Arzt sagt: Es ist nicht schlimm.

○ Ioanna füllt ein Formular aus.

○ Lara hat auch ein blaues Auge.

○ Der Arzt gibt Ioanna Schmerztabletten.

○ Die beiden Mädchen sind lustig und singen „Unsere Augen sind so blau".

Laras Film

4 Wie finden Sie Laras Idee? Sprechen Sie.

Das finde ich ...

A **Ihr Auge** tut weh.

A1 Ordnen Sie zu.

• das Bein • das Ohr • der Arm • der Finger • der Kopf • ~~die Nase~~ • der Mund

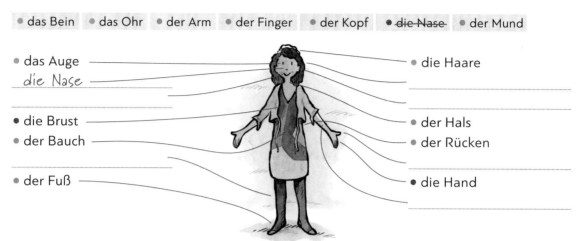

• das Auge
  die Nase

• die Brust
• der Bauch

• der Fuß

• die Haare

• der Hals
• der Rücken

• die Hand

A2 Gute Besserung!

Was tut weh? Markieren Sie und ergänzen Sie die Tabelle.

A

Simon

Seine Hand tut weh.
Und sein Bein auch.

B

Sofia

Ihre Ohren tun weh.
Ihr Kopf auch.

• sein Kopf	• _____ Kopf
• _____ Bein	• ihr Bein
• *seine* Hand	• ihre Hand
• seine Ohren	• _____ Ohren

Simon   seine   Hand
Sofia   ihre   Ohren

A3 Was tut den Personen weh? Ergänzen Sie.

A   B   C   D   E

sein Hals _____   _____   _____   _____

⇄ A4 Monsterspiel: Zeichnen Sie ein Monster und beschreiben Sie.

Ihre Partnerin / Ihr Partner zeichnet mit. Vergleichen Sie Ihre Zeichnungen.

Mein Monster heißt Irene.
Ihr Kopf ist sehr schmal.
Ihre Haare sind kurz, ihre
Augen sind sehr groß. ...

Mein Monster heißt
Hans. Seine Zähne ...

Irene   Hans

B Unsere Augen sind so blau.

10

B1 E-Mail

a Lesen Sie die E-Mail von Ioanna. Was ist richtig? Kreuzen Sie an.

1 ☒ Sie will „danke" sagen.
2 ○ Carlos ist krank.
3 ○ Sie informiert Lara: Sie haben morgen keinen Unterricht.

> E-Mail senden
>
> Liebe Lara,
> das ist jetzt unser Lied: „Unsere Augen sind so blau"! Lara, Du bist
> toll! Vielen Dank für alles! Unser Abend war super! Du, Carlos hat
> geschrieben: Frau Weber, unsere Lehrerin, ist krank. Das heißt,
> unser Unterricht fällt morgen aus.
> Bis Donnerstag, Deine Ioanna

b Markieren Sie. Ergänzen Sie dann die Tabelle rechts.

wir		
	....	Abend
	unser	Lied
	....	Lehrerin
	....	Augen

B2 Nachrichten

a Lesen Sie die Nachrichten.
Wer schreibt was? Ordnen Sie zu.

Nachricht	1	2	3
schreibt	E		

eine Kollegin (K)   eine Freundin (F)   ~~die Ehefrau (E)~~

1
> E-Mail senden
>
> Oh, nein, nun sind Julia
> und Jan beide krank. Ihre
> Ohren tun sehr weh. Wir
> gehen jetzt zum Kinderarzt.
> Kannst Du einkaufen gehen,
> Schatz? Küsse von Marie

2
> E-Mail senden
>
> Und Eure Mutter? Ist sie
> wieder gesund? Hoffentlich!
> Könnt Ihr dann zu uns zum
> Essen kommen? Alle
> Freunde und Bekannten
> kommen! Ihr auch, ja? Anna

3
> E-Mail senden
>
> Wie war Euer Termin
> mit Frau Pfeiffer?
> Ich komme morgen
> wieder in die Arbeit.
> Bin wieder gesund.
> Heike

b Markieren Sie *euer/eure* und *ihre* in a und ergänzen Sie die Tabellen.

ihr		
	....	Termin
	euer	Lied
	....	Mutter
	eure	Ohren

sie		
	ihr	Termin
	ihr	Lied
	ihre	Mutter
	....	Ohren

B3 Im Kurs: Nachrichten

Schreiben Sie Nachrichten an Ihre Partnerin / Ihren Partner.
Verwenden Sie *unser/unsere – euer/eure – ihr/ihre*.

Wann machen wir unsere Hausaufgaben?

Um 15 Uhr.

C Ich **soll** Schmerztabletten **nehmen**.

C1 Was sagt Ioanna? Schreiben Sie.

Nehmen Sie Schmerz- tabletten.

A

B

Der Doktor sagt, ich soll Schmerz- tabletten nehmen.

~~Schmerztabletten nehmen~~
das Auge kühlen
gleich ins Bett gehen
ein paar Schritte gehen
bei Problemen wieder ins Krankenhaus kommen

Ich soll Schmerztabletten nehmen.
Ich soll ...

Nehmen Sie Schmerztabletten.
Der Doktor sagt: Ich soll Schmerztabletten nehmen .

3 ◀)) 46 C2 Hören Sie und variieren Sie.

◆ Muss ich wirklich die Medizin nehmen?
○ Ja, natürlich. Der Arzt hat doch gesagt, Sie sollen zwei Tabletten nehmen !
◆ Was? Ich soll zwei Tabletten nehmen ?
○ Genau!

sollen	
ich	soll
du	sollst
er/es/sie	soll
wir	sollen
ihr	sollt
sie/Sie	sollen

Varianten:

alles trinken – viel Tee trinken   im Bett bleiben – nicht aufstehen   ruhig sein – nicht so viel sprechen

3 ◀)) 47–49 C3 In der Apotheke: Hören Sie die Gespräche.

a Wer hat welches Problem? Kundin 1 (= 1), Kunde 2 (= 2), oder Kundin 3 (= 3)? Ergänzen Sie.

○ Sonnenbrand   und Fieber

① müde   ○ Tochter hat Husten

b Hören Sie noch einmal. Wer soll was machen? Ergänzen Sie.

① viel spazieren gehen   ○ zum Arzt gehen   ○ Mira Saft geben

○ Tabletten nehmen   ○ Salbe verwenden

c Sprechen Sie.   *Kundin 1 soll viel spazieren gehen.*

⇆ C4 Im Kurs: Geben Sie Gesundheitstipps.

Meine Freundin / Mein Bruder / Mein ...

Mein Freund hat Kopfschmerzen. Was kann man da tun?

Oje! Er soll viel trinken. Das hilft sicher!

Bauchschmerzen
Fieber
Halsschmerzen
kann nicht schlafen
Kopfschmerzen
Schnupfen

viel trinken   Hals warmhalten
spazieren gehen
abends nicht so viele
Computerspiele machen
viel schlafen
am Abend keinen Kaffee trinken

D Krankmeldung

3 ◀)) 50 **D1 Eine Krankmeldung**

a Hören Sie das Gespräch. Was ist richtig?
Kreuzen Sie an.

1 ○ Hakim ruft Gabi an.
2 ○ Gabi ist krank. Sie kann nicht in die Firma kommen.
3 ○ Hakim hat auch Halsschmerzen.
4 ○ Gabi kann bis Freitag nicht arbeiten.

b Hören Sie noch einmal und sehen Sie die
Krankmeldung an.

Wann ist das Gespräch? Am Montag, Mittwoch
oder Freitag?

AOK	UKK	IKK	AdAK	AEV	BKK

AOK Rheinland/Hamburg

Gabi Döllner
Waldstraße 17
50859 Köln

geboren am   17.4.1982

Krankheit festgestellt am   23.5.

Krankgeschrieben bis   27.5.

**D2 Lesen Sie den Brief
und ordnen Sie zu.**

○ • der Betreff = Inhalt
① • der Absender
○ • die Postleitzahl
○ • die Hausnummer
○ • der Ort
○ • die Straße
○ • der Empfänger
○ • der Gruß
○ • die Anrede
○ • das Datum
○ • die Unterschrift

Botel GmbH ⎫
Frau Luise Laschinger ⎬ 1
Personalstelle ⎭
Goethestraße 4 } 2
50859 Köln

Gabi Döllner
3 Waldstraße 17 4
5 50859 Köln

6 **Krankmeldung**   7 Köln, 23. Mai 20.. 8

9 Sehr geehrte Frau Laschinger,

leider kann ich bis Freitag nicht in die Firma
kommen. Anbei finden Sie die Krankmeldung.
Informieren Sie bitte auch Herrn Mehring.

10 Mit freundlichen Grüßen
11 *Gabi Döllner*

D3 Brief und E-Mail
Schreiben Sie.

A

Schreiben Sie einen Brief an Ihre
Firma: Ihr Kind ist krank. Sie können
nicht zur Arbeit kommen.
Sie schicken die Krankmeldung
mit.

B
Schreiben Sie eine E-Mail an eine Person in
Ihrem Deutschkurs: Sie sind krank. Sie können
nicht zum Deutschkurs kommen. Sie brauchen
die Arbeitsblätter. Die Person soll sie mitbringen.

[**SCHON FERTIG?** Schreiben Sie
das Gespräch zwischen Ihrer
Mitschülerin / Ihrem Mitschüler
und der Lehrerin / dem Lehrer.

E Anruf beim Arzt / Notruf

3 ◀)) 51 **E1 Hören Sie das Gespräch. Was ist richtig? Kreuzen Sie an.**

a Wo ruft der Mann an?
  ○ in der Praxis
  ○ in der Apotheke
  ○ im Krankenhaus

b Was möchte der Mann?
  ○ eine Krankmeldung bekommen
  ○ einen Termin bekommen
  ○ sich informieren

> Dr. med. Karl Hellmann
> **Facharzt für Orthopädie**
> Sprechstunde:
> **Mo, Di, Do, Fr**
> 9.00–11.00 Uhr
> **Mo, Di, Do**
> 14.00–16.30 Uhr
> Nach Vereinbarung:
> Tel. 74 1210

3 ◀)) 51 **E2 Hören Sie noch einmal und ordnen Sie zu.**

heute   sofort   ~~Gleich~~   gleich

◆ Praxis Doktor Hellmann, guten Tag.

◆ Wann haben Sie denn Zeit? Am Vormittag oder am Nachmittag? Morgen haben wir am Nachmittag einen Termin frei! Und übermorgen am Vormittag.

◆ Ach so, es ist ein Notfall.

◆ Wann können Sie denn kommen?

◆ Dann kommen Sie doch in 20 Minuten.

◆ In Ordnung. Bis später. Und bringen Sie bitte Ihre Versichertenkarte mit!

○ Guten Morgen, hier Kuhn. Könnte ich bitte einen Termin haben?

○ Ich möchte bitte _____ kommen. Es ist dringend!

○ Ja, ich hatte einen kleinen Unfall.

○ _Gleich_ ! Ich wohne ganz in der Nähe.

○ Sehr gut. Dann komme ich _____ vorbei.

○ Das mache ich. Vielen Dank. Bis _____.

E3 Termin beim Zahnarzt: Spielen Sie Telefongespräche mit Ihrer Partnerin / Ihrem Partner.

Partner A
Es ist ein Notfall. Sie haben Zahnschmerzen. Sie wollen heute noch kommen.

Partner B
Sie arbeiten in einer Zahnarztpraxis. Sie haben heute keinen Termin frei. Sie haben morgen Nachmittag noch einen Termin frei.

E4 Lesen Sie die Situationen und den Text rechts. Was sollen Sie tun? Verbinden Sie.

a Im Büro liegt jemand auf dem Boden. Sie sprechen ihn an. Er antwortet nicht.

b Sie haben Besuch. Es ist 2 Uhr morgens. Ihr Besuch hat 40 Grad Fieber.

c Es ist Sonntag. Sie haben starke Halsschmerzen. Die Apotheke hat nicht auf.

Die Adresse der Notdienst-Apotheke im Internet suchen.

112 anrufen und einen Notarzt rufen.

Einen ärztlichen Notdienst rufen oder in die Notaufnahme im Krankenhaus gehen.

HILFE HOLEN – Tipps für den Notfall

Es gibt einen Notfall, ein Mensch ist plötzlich sehr krank oder ein Unfall ist passiert. Jede Minute ist wichtig.

→ Mit der Notrufnummer 112 können Sie den Notarzt[1] rufen.

Sie brauchen dringend ein Medikament, aber die Apotheken haben geschlossen.

→ Es gibt einen Apotheken-Notdienst. Apotheken haben an ihrem Notdienst-Tag meist vom Morgen bis zum nächsten Morgen geöffnet.

Sie brauchen dringend einen Arzt oder Zahnarzt, aber die normalen Arztpraxen haben geschlossen. Das können Sie jetzt tun:

→ Rufen Sie den ärztlichen Notdienst.[2] Dann kommt ein Arzt zu Ihnen oder Sie bekommen eine Adresse und können dort hingehen. Es gibt auch einen zahnärztlichen Notdienst.

→ Gehen Sie zu einer Bereitschaftspraxis. Diese Praxen sind auch am Abend, am Wochenende und an Feiertagen geöffnet.

→ Gehen Sie in ein Krankenhaus. Die meisten Krankenhäuser haben eine Notaufnahme. Diese ist Tag und Nacht geöffnet.

....

Wo finde ich Telefonnummern, Adressen und andere aktuelle Informationen?

....

→ Den Notarzt (Rettungsdienst) können Sie mit der Nummer 112 überall in der EU[3] rufen.

→ Alle anderen Informationen sind nicht an jedem Ort oder an jedem Tag gleich. Die aktuellen Informationen finden Sie in der Zeitung oder im Internet. Benutzen Sie bei der Suche im Internet die roten Wörter.

→ Informationen über den Apotheken-Notdienst finden Sie auch bei der nächsten Apotheke.

[1] auch: Rettungsdienst [2] auch: ärztlicher Bereitschaftsdienst [3] und in der Schweiz

E5 Anruf beim Notarzt

a Sehen Sie das Bild an und lesen Sie das Telefongespräch. Ordnen Sie zu.

• das Bein • ~~der Unfall~~ • der Notarzt • die Person verletzt

Wo?	○ Hallo, ich bin hier am Goetheplatz.
	▲ Aha. Und was ist passiert?
Was?	○ Ein _Unfall_ mit einem Motorrad.
	▲ Ist jemand _____?
Wie viele?	○ Ja, ein Mann. Sonst keiner.
	▲ Aha. Eine _____. Und was ist mit dem Mann?
Welche Verletzung?	○ Er sagt: Sein _____ tut sehr weh.
	▲ Wie ist Ihr Name, bitte?
Wer?	○ Müller. Sarah Müller.
	▲ Gut, Frau Müller. Der _____ ist in ein paar Minuten am Unfallort. Bitte bleiben Sie bei dem Verletzten.

3 ◀ 52 **b** Hören Sie und vergleichen Sie.

Grammatik und Kommunikation

Grammatik

1 Possessivartikel ÜG 2.04

	Nominativ				Akkusativ
	Singular			Plural	Singular maskulin ⚠
ich	• mein Termin	• mein Lied	• meine Mutter	• meine Ohren	• meinen Termin
du	dein	dein	deine	deine	deinen
er/es	sein	sein	seine	seine	seinen
sie	ihr	ihr	ihre	ihre	ihren
wir	unser	unser	unsere	unsere	unseren
ihr	euer	euer	⚠ eure	⚠ eure	⚠ euren
sie	ihr	ihr	ihre	ihre	ihren
Sie	Ihr	Ihr	Ihre	Ihre	Ihren

Simon ⟵ seine ⟶ Hand

Sofia ⟵ ihre ⟶ Ohren

⚠ eu~~x~~re

2 Modalverb: *sollen* ÜG 5.12

	sollen
ich	soll
du	sollst
er/es/sie	soll
wir	sollen
ihr	sollt
sie/Sie	sollen

3 Modalverb im Satz ÜG 10.02

	Position 2		Ende
Sie	sollen	zu Hause	bleiben.

Kommunikation

ÜBER DAS BEFINDEN SPRECHEN: Mein Auge tut weh!

Mein Auge / Meine … tut/tun weh.

Es ist nicht schlimm.

Sie hat Schmerzen.

Gabi ist krank.

Hakim hat Halsschmerzen.

Ich habe Fieber.

Meine Tochter hat Husten/Schnupfen.

Was sollen Peter und Jana tun? Ergänzen Sie.

Peter ist müde. Er _____ schnell Kaffee _____.

Jana ist auch müde. Sie _____ das Fenster _____.

Peter und Jana haben Hunger. Sie _____

Was sagt der Mann? Schreiben Sie.

Mein … tut weh. Ich habe …

ANWEISUNGEN GEBEN: Gehen Sie zum Arzt.

Kühlen Sie das Auge. | *Gehen Sie gleich ins Bett.*

Der Doktor sagt, ich soll Schmerztabletten nehmen.
Sie soll viel spazieren gehen. | *Er soll viel trinken.* | *Das hilft sicher.*

Rufen Sie den ärztlichen Notdienst.
Gehen Sie zu einer Bereitschaftspraxis / in ein Krankenhaus.

EINE KRANKMELDUNG: Leider kann ich nicht kommen.

Leider kann ich heute / bis ... nicht in die Firma / zum Deutschkurs /...
kommen. | *Anbei finden Sie die Krankmeldung.*
Informieren Sie bitte auch Frau / Herrn ...

EINEN TERMIN VEREINBAREN: Könnte ich bitte einen Termin haben?

Könnte ich bitte einen Termin haben?   *Wann haben Sie denn Zeit?*
                                            Morgen haben wir einen
                                            Termin frei.

Ich möchte bitte heute kommen.   *Wann können Sie denn*
Es ist dringend!   *kommen?*
                                            Kommen Sie doch in
                                            20 Minuten.

EINEN NOTFALL MELDEN: Ein Unfall mit einem Motorrad.

Wo sind Sie?   *Ich bin hier am Goethe-*
                                           platz / in der ...straße.

Was ist passiert?   *Ein Unfall mit einem*
                                           Motorrad / einem Auto /...

Was ist mit dem Mann / der Frau?   *Sein / Ihr Bein /... tut weh.*

STRATEGIEN: Hoffentlich!

Oh, nein. | *Oje!* | *..., ja?* | *Ach so, ...* | *Hoffentlich!*
Bis später / gleich. | *Gut, ...*

Was sagt die Frau noch?
Schreiben Sie
fünf Sätze.

> *Der Doktor sagt,*
> *du sollst viel Tee*
> *trinken.*

Der Doktor sagt, du ...

Schreiben Sie ein Telefongespräch:
Vereinbaren Sie einen Arzttermin.

◊ *Hallo, mein Name ist ...*
  Könnte ich bitte ...

Sie möchten noch mehr üben?

 3 | 53–55
AUDIO-
TRAINING

 VIDEO-
TRAINING

Lernziele

Ich kann jetzt ...

A ... sagen: Wo tut etwas weh? *Mein Arm tut weh.* _____ ☺ ☺ ☹

B ... über die Gesundheit sprechen, Schmerzen beschreiben:
   Seine Hand tut weh. _____ ☺ ☺ ☹

C ... Tipps und Ratschläge für die Gesundheit verstehen und geben:
   Der Doktor sagt, ich soll Schmerztabletten nehmen. _____ ☺ ☺ ☹

D ... eine Krankmeldung schreiben:
   Leider kann ich nicht in die Firma kommen. _____ ☺ ☺ ☹

E ... einen Termin beim Arzt ausmachen:
   Könnte ich einen Termin haben? _____ ☺ ☺ ☹
   ... einen Notfall melden: *Ein Unfall mit einem Motorrad.* _____ ☺ ☺ ☹

Ich kenne jetzt ...

... 10 Körperteile:

der Kopf, ...

_____

...5 Krankheiten:

die Kopfschmerzen, ...

Ärzte in meiner Stadt

1 Wer braucht welchen Arzt? Lösen Sie das Rätsel. Hilfe finden Sie in der Liste.

Zahnarzt	auch: Arzt für Zahnmedizin
Augenarzt	auch: Arzt für Augenheilkunde
Kinderarzt	auch: Arzt für Kinder- und Jugendmedizin
Kardiologe	auch: Arzt für Herz- und Kreislauferkrankungen
Internist	auch: Arzt für innere Medizin
Praktischer Arzt	auch: Arzt für Allgemein- medizin oder: Hausarzt
Frauenarzt	auch: Gynäkologe oder: Arzt für Frauenheilkunde und Geburtshilfe

A [ ][ ][ ] A R Z T
B [ ][ ] A R Z T
C K A R D I O L O G E
D [ ] A R Z T
E [ ][ ] A R Z T

Lösung:
_ _ L _ _

2 Welche Ärzte brauchen Sie? Suchen Sie im Internet Ärzte in Ihrer Nähe und machen Sie eine Liste.

Dr. Kammerer | Müllerstr. 15
Praktischer Arzt | 089-349758

1 Wie heißen die Körperteile? Lesen Sie die Redewendungen und ergänzen Sie.

a Du suchst eine Wohnung? Ich halte die   offen.   *Ohren*

b Wir arbeiten in .   *Hand in Hand*

c Er kann den nicht voll bekommen.   _____

d Können wir unter vier sprechen?   _____

e Willst du mich etwa auf den nehmen?   _____

f Jetzt habe ich aber die voll!   _____

2 Was bedeuten die Redewendungen? Ordnen Sie die Sätze den Redewendungen in 1 zu.

1 Kann ich allein mit dir reden?   2 Das ist doch nicht wahr! Glaubst du, ich bin dumm?   3 Vielleicht höre ich ja etwas.   4 Er will immer mehr (oft: Geld).   5 Jetzt reicht es! Das mache ich nicht mehr mit!   6 Wir arbeiten gut zusammen.

Redewendung	a	b	c	d	e	f
Satz	3					

10

Alfons, der Hypochonder

1 Sehen Sie die Fotos an und ergänzen Sie die Körperteile.

A Das ist Alfons. Er hat ein Problem. Er ist Hypochonder. Jeden Tag hat er eine neue Krankheit.

B Am Montag sagt er: Mein rechtes _Ohr_ ist so groß.

C Am Dienstag sagt er: Meine _____ sind heute so gelb.

D Am Mittwoch sagt er: Meine linke _____ ist dick.

E Am Donnerstag sagt er: Meine _____ ist eiskalt.

F Am Freitag sagt er: Meine _____ sind kurz.

G Am Samstag geht Alfons in sein Lieblingsgeschäft.

H Am Sonntag geht es Alfons richtig gut: einen Tag lang. Aber dann …

I … kommt schon wieder der Montag. Armer Alfons!

2 Sehen Sie den Film an und vergleichen Sie.

In der Stadt unterwegs

Folge 11: Alles im grünen Bereich

1 Was sehen Sie auf den Fotos? Markieren Sie.

- die (Auto-)Werkstatt   • das Auto   • der Autoschlüssel   • die Apotheke   • das Navi
- die S-Bahn   • die Autobahn   • die Tankstelle   • das Eis   • die Brücke   • die Ampel

2 Was passt? Ordnen Sie zu.

A   B   C

- ○ Fahren Sie nach rechts.
- ○ Fahren Sie geradeaus.
- ○ Fahren Sie nach links.

Tims Film

4 ◀) 1 **3 Sehen Sie Foto 1 an und hören Sie. Ordnen Sie zu. Achtung: Nicht alles passt.**

zwei   zwölf   Medikamente kaufen   eine Erkältung   kein Problem   ~~sein Auto zur Werkstatt bringen~~

a Was sollen Lara und Lili für Walter tun? Sie sollen _sein Auto zur Werkstatt bringen_.
b Warum macht Walter das nicht selbst? Er hat _____.
c Wann macht die Werkstatt zu? Um _____.

4 ◀) 1–8 **4 Sehen Sie die Fotos an und hören Sie.**

a Warum kommen Lara und Lili so spät an? Kreuzen Sie an.

　　○ Sie finden den Weg nicht.
　　○ Sie fahren auf die Autobahn. Lara möchte einmal richtig schnell fahren.

b Was bedeutet „Alles im grünen Bereich"? Kreuzen Sie an.

　　○ Alles ist okay.　　○ Nichts funktioniert.

A Fahren Sie dann **nach links**.

4 ◀) 9 **A1 Wie soll Lara fahren?**
Hören Sie und kreuzen Sie an.

○ A   ○ B

4 ◀) 10 **A2 Hören Sie und zeichnen Sie den Weg.**

Sie sind hier.

A3 Sehen Sie den Stadtplan in A2 an. Fragen Sie und antworten Sie.

> Entschuldigung, ich suche den Bahnhof / das Museum / ...
> Wo ist hier die Post / ein Hotel?
> Ist hier ein Hotel in der Nähe?
>
> Gehen Sie immer geradeaus.
> Sie gehen zuerst geradeaus und dann die zweite Straße rechts /
> an der Ampel links.
> Gehen Sie geradeaus und nach 300 Metern links.
> Tut mir leid, ich bin auch fremd hier. / Ich bin nicht von hier.

> Wo ist hier
> ein Hotel?   Gehen Sie ...

die erste Straße	
die zweite Straße	links/rechts
die dritte Straße	

⇄ **A4 Sie sind in der Sprachenschule. Erklären Sie Ihrer Partnerin / Ihrem Partner einen Weg. Sie/Er rät den Ort.**

> Du gehst rechts, dann geradeaus,
> dann die zweite Straße links.
> Dann bist du nach 100 Metern da.

> Das ist die Post!
> Ja, richtig.

4 ◀)) 11–15 **B1 Wir fahren mit dem Auto.**

a Womit fahren/fliegen die Personen? Hören Sie und kreuzen Sie an.

○ mit ● dem Flugzeug   ○ mit ● dem Zug   ☒ mit ● dem Auto

○ mit ● der Straßenbahn   ○ mit ● der U-Bahn   ○ mit ● der S-Bahn

○ mit ● dem Taxi   ○ mit ● dem Bus   ○ mit ● dem Fahrrad

b Wohin möchten die Personen? Hören Sie noch einmal und ordnen Sie zu.

● das Filmmuseum   ● ~~die Werkstatt~~   ● der Fußballplatz
● die Schule   ● der Karolinenplatz

1 Lara und Lili sollen zur _Werkstatt_ fahren.
2 Die Frau möchte zum ....
3 Das Paar will zum ...., aber zu
   Fuß ist das zu weit.
4 Der junge Mann muss zum ....
5 Die Frau sucht die ....

Wie?

● der Bus   → mit dem Bus
● das Auto   → mit dem Auto
● die U-Bahn   → mit der U-Bahn
⚠ zu Fuß

Wohin?

● der Fußballplatz → zum Fußballplatz
● das Museum   → zum Museum
● die Werkstatt   → zur Werkstatt

**B2 Sehen Sie den Netzplan an. Sie sind am
Hauptbahnhof. Fragen Sie und antworten Sie.**

zu + dem = zum
zu + der = zur

◆ Entschuldigung. Wie komme
   ich zum Schwimmbad?
   Kann ich zu Fuß
   gehen?
○ Zu Fuß? Nein, das
   ist viel zu weit.
   Fahren Sie mit
   dem Bus 31 bis
   zur Station
   „Schwimmbad".

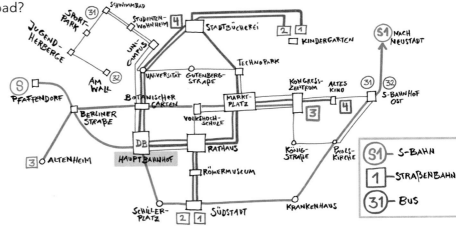

B3 Meine Wege und Verkehrsmittel
   Zeichnen Sie Ihren persönlichen „Netzplan" und sprechen Sie dann mit Ihrer Partnerin / Ihrem Partner.

*Ich fahre mit dem Auto zur Arbeit. Zum Fitness-
studio fahre ich mit dem Bus. Zu Katja …*

4 ◀)) 16 **C1 Hören Sie und verbinden Sie.**

a Wo darf man nur 50 fahren? ———— Vor der Brücke links.

b Wo geht es zur Autobahn? ———— In der Stadt.

c Wo soll Lara bleiben? An der Ampel.

d Wo soll Lara nach links fahren? Auf der Autobahn.

C2 In der Stadt

a Sehen Sie das Bild an. Welche Wörter kennen Sie?
Zeigen Sie und sammeln Sie mit Ihrer Partnerin / Ihrem Partner.

> *Also, das ist ein Lkw, glaube ich.*

> *Und hier sieht man einen Kiosk.*

b Was ist richtig? Kreuzen Sie an.

1 Zwei Lkws stehen ○ auf der Straße. ☒ auf dem Parkplatz.
2 Die Kinder warten ○ in der Schule. ○ an der Bushaltestelle.
3 Ein Mann kauft ○ am Kiosk ○ in der Buchhandlung eine Zeitung.
4 Ein Paar sitzt ○ hinter dem Café. ○ im Café.
5 Die Bücherei ist ○ über der Bäckerei. ○ unter der Bäckerei.
6 Ein Baum steht ○ hinter den Häusern. ○ zwischen der Post und der Bank.

Wo?

☐	an
☐	auf
☐	hinter
☐	in
☐	neben
☐	über
☐	unter
☐	vor
☐ ☐	zwischen

c Ergänzen Sie die Tabelle.

Wo?		
hinter/vor/neben/...	• _dem_ Parkplatz	an + dem = am
	• .... Café	in + dem = im
	• .... Bäckerei	
	• .... Häusern	

⇆ **C3 Sehen Sie das Bild aus C2 an. Fragen Sie und antworten Sie.**

◆ Wo ist der Parkplatz? ○ Neben der Fußgängerzone.

D Wir gehen **zu Walter** und holen das Auto.

D1 Wo ist …?

a Wissen Sie es noch? Kreuzen Sie an.

Wo ist …

1 Walter? ○ Beim Arzt. ○ Im Bett.
2 Sofia? ○ In der Apotheke. ○ In der Werkstatt.

4 🔊 17 **b** Hören Sie und vergleichen Sie.

Wo? ◎	
Person:	● beim Arzt | ● bei der Freundin | bei Walter
„Haus"/Ort/Geschäft:	● im Kindergarten | ● im Bett | ● in der Apotheke
Land/Stadt:	in Österreich/Wien | ● im Jemen | ● in der Schweiz | ● in den USA
⚠	zu Hause

4 🔊 18 ## D2 Hören Sie und variieren Sie.

bei dem = beim

◆ Ist der Chef nicht da?
○ Nein, tut mir leid. Er ist **beim Zahnarzt**.

Varianten:

Frankfurt ● der Konferenzraum
● die Werkstatt ● die Apotheke ● die Praxis ● der Hausmeister
● die Schweiz ● das Sekretariat ● der Arzt …

D3 Paulos Termine. Lesen Sie den Kalender und ergänzen Sie.

Am Montag fährt Paulo in die _____ .
Er muss für einen Tag nach Basel _____ .
Am Dienstag geht er ins _____ .
Am Mittwoch muss er zum _____ .
Am Donnerstag geht er ins _____ .
Am Freitag geht er zum _____ und kauft für das
Wochenende ein.
Am Samstag geht er zuerst zu _____ .
Dann fahren sie zusammen ins _____ und
sehen das Fußballspiel an.

Wohin? ➡	
Person:	● zum Zahnarzt | ● zur Freundin | zu Walter
Geschäft:	● zum Supermarkt | ● zur Apotheke
„Haus"/Ort:	● in den Kindergarten | ● ins Kino
Land/Stadt:	nach Österreich | Basel | ● in den Jemen | ● in die Schweiz | ● in die USA
⚠	nach Hause

Montag
Schweiz/Kundentermin in Basel
Dienstag
Fitnessstudio
Mittwoch
Zahnarzt!
Donnerstag
Konzert
Freitag
Supermarkt
Samstag
Martin abholen, Fußballstadion
Sonntag

D4 Wo waren Sie diese Woche? Wohin gehen/fahren Sie noch?

Notieren Sie und sprechen Sie dann mit Ihrer Partnerin /
Ihrem Partner.

> *Also, am Montag war ich bei Susi. Wir haben einen DVD-Abend gemacht. Morgen fahre ich nach Frankfurt. Ich habe dort einen Termin beim Augenarzt. Und am Wochenende fahre ich zu Freunden. Sie wohnen in Aschaffenburg.*

Montag: 19 Uhr Susi
                  -> DVD-Abend

Mittwoch: Frankfurt
                  -> Augenarzt

Freitagabend bis Sonntag:
Freunde besuchen

D5 Neu in der Stadt

a Was möchten Sie
machen? Notieren Sie.

kopieren
Brötchen kaufen
Bücher ausleihen
...

 da vorne   da hinten

da drüben   da an der Ecke

b Spielen Sie kleine
Gespräche.

◆ Wo kann ich kopieren?

○ Da musst du zum Copyshop gehen.

◆ Ist das weit?

○ Nein. Der Copyshop ist gleich da vorne. Neben der Buchhandlung an der Ecke.

Wo gibt es hier einen/ein/eine ...?	*Im / In der ...*
Wo kann ich hier ... kaufen/ bekommen/...?	*Da gehen Sie zu/zum/zur ... Er/Es/Sie ist gleich hier in der Nähe. / gar nicht weit weg. / da an der Ecke. / gleich da vorne/hinten/drüben.*
Gibt es hier / in der Nähe ...?	
Und wo finde ich ...?	
Kann ich zu Fuß gehen?	*Ja, es ist nicht weit. / Nein, Sie müssen mit der U-Bahn / mit dem Bus / ... fahren.*

🔁 **D6 Ein Tag im Leben von ...**

Wählen Sie eine Person. Was macht die Person? Wo ist sie wann? Wohin geht/fährt sie?
Schreiben Sie. Lesen Sie dann Ihren Text im Kurs vor. Die anderen raten: Wer ist das?

● der Lkw-Fahrer

● der Krankenhausclown

● die Tänzerin

● der Koch

Meine Person ist viel unterwegs. Sie steht früh auf und fährt zur ... Dann fährt sie nach ... Das dauert lange.

> **SCHON FERTIG?** Morgen haben Sie frei. Wohin gehen/fahren Sie? Was machen Sie dort? Schreiben Sie.

4 ◀)) 19–23 **E1 Hören Sie die Durchsagen und ordnen Sie zu.**

Durchsage

a Der Zug fährt von Gleis 8 ab. ③
b Die Fahrgäste sollen einsteigen. ○
c Der Zug hat Verspätung.
   Er kommt 10 Minuten später an. ○
d Die Fahrgäste können in einen
   Zug nach Berlin umsteigen. ○
e Die Fahrgäste sollen aussteigen. ○

 einsteigen

 aussteigen

 umsteigen

 abfahren • die Abfahrt

 ankommen • die Ankunft

4 ◀)) 24 **E2 Am Schalter**

a Was ist richtig? Hören Sie und kreuzen Sie an.

1 Die Frau möchte ○ heute ○ morgen nach Bad Cannstatt
   fahren.

2 Sie ○ kann direkt fahren. ○ muss umsteigen.

3 Sie kauft die Fahrkarte ○ am Fahrkartenautomaten.
   ○ am Schalter.

b Was hören Sie im Gespräch? Hören Sie noch einmal und markieren Sie.

Ⓕ Ich brauche eine Auskunft: Wann fährt der nächste Zug nach Bad Cannstatt?
○ Um 9 Uhr 50. ○ Muss ich umsteigen? ○ Wann kommt der Zug in Bad Cannstatt an?
○ Ja. In Stuttgart. ○ Gleich am Bahnsteig gegenüber. ○ Bitte achten Sie auf die Durchsagen.
○ Bekomme ich die Fahrkarte bei Ihnen oder am Fahrkartenautomaten?
○ Am Automaten und hier am Schalter. ○ Sie haben Anschluss nach Stuttgart.
○ Einfach oder hin und zurück? ○ Gut, dann bitte eine Fahrkarte einfach.
○ 63 Euro, bitte. Und hier Ihre Fahrkarte. ○ Von welchem Gleis fährt der Zug ab?
○ Von Gleis 9.

c Wer sagt was? Ordnen Sie in b zu (F = Fahrgast / M = Mitarbeiter).

🔁 **E3 Spielen Sie ein Gespräch. Tauschen Sie auch die Rollen.**

Fahrgast
Sie wohnen in Leipzig und
möchten am Freitag nach
Wien fahren.

Ihr Fahrplan					
Bahnhof/Haltestelle	Datum	Zeit	Gleis	Produkte	Normalpreis
Leipzig Hbf	Fr, 21.03.	ab 14:02	10	ICE 209	152,00 EUR
Nürnberg Hbf	Fr, 21.03.	an 17:24	9		→ zur Buchung
Nürnberg Hbf	Fr, 21.03.	ab 18:30	12	ICE 229	
Wien Westbahnhof	Fr, 21.03.	an 23:08	2		

Mitarbeiterin/Mitarbeiter
Geben Sie Auskunft.

[**SCHON FERTIG?** Wohin möchten Sie gern mit dem
Zug fahren? Spielen Sie weitere Gespräche.

Grammatik und Kommunikation

Grammatik

1 Modale Präposition: *mit* + Dativ UG 6.04

				Plural
mit	• der → dem • dem Zug	• das → dem • dem Auto	• die → der • der U-Bahn	• die → den • den Kindern

Schreiben Sie Sätze.

Meine Verkehrsmittel
Ich fahre oft mit ...
Ich fahre manchmal
mit ...

2 Lokale Präpositionen auf die Frage „Wo?" + Dativ UG 6.02, 6.03

				Plural
neben	• dem Kiosk	• dem Hotel	• der Post	• den Häusern

auch so: an, auf, bei, hinter, in, neben, über, unter, zwischen, vor

Wo ist Sofia? ◎

Person:	• beim Arzt | • bei der Freundin | bei Walter
„Haus"/Ort/Geschäft:	• im Kindergarten | • im Bett | • in der Apotheke
Land/Stadt:	in Österreich/Wien | • im Jemen | • in der Schweiz | • in den USA

⚠ an + dem = am
bei + dem = beim
in + dem = im

⚠ zu Hause

Wo sind die Mäuse?
Schreiben Sie.

Eine Maus ist ...

3 Lokale Präpositionen auf die Frage „Wohin?" UG 6.02, 6.03

Wohin ist Paulo gefahren?

Person:	• zum Zahnarzt | • zur Freundin | zu Walter
Geschäft:	• zum Supermarkt | • zur Apotheke
„Haus"/Ort:	• in den Kindergarten | • ins Kino

⚠ zu + dem = zum
zu + der = zur

Land/Stadt:	nach Österreich/Basel • in den Jemen | • in die Schweiz | • in die USA

⚠ nach Hause

Ihre Orte, Geschäfte, Personen:
Wohin fahren/gehen Sie oft?
Notieren Sie.

ins Büro
...

Kommunikation

ORIENTIERUNG: Wo ist hier die Post?

Entschuldigung, ich suche den
Bahnhof/das Museum/...

Gehen Sie immer geradeaus.
Sie gehen zuerst geradeaus und
dann die zweite Straße rechts/an
der Ampel links.

*Wo ist hier die Post /
ein Hotel /...?*

*Gehen Sie geradeaus und nach
300 Metern links.*

*Fahren Sie nach rechts /
nach links / geradeaus.*

Dann sind Sie nach 100 Metern da.

Ist hier ein Hotel in der Nähe?

*Tut mir leid, ich bin auch fremd
hier. / Ich bin nicht von hier.*

Wo gibt es hier einen/ein/eine ...?

Im / In der ...

*Wo kann ich hier ...
kaufen/bekommen/...?*

*Da gehen Sie zu/zum/zur ...
Er/Es/Sie ist gleich hier in der
Nähe. / gar nicht weit weg. / da
an der Ecke. / gleich da vorne/
hinten/drüben.*

*Gibt es hier / in der Nähe ...?
Und wo finde ich ...?
Kann ich zu Fuß gehen?*

*Ja, es ist nicht weit. / Nein, Sie
müssen mit der U-Bahn / mit dem
Bus / ... fahren.*

AM SCHALTER: Ich brauche eine Auskunft.

*Ich brauche eine Auskunft:
Wann fährt der nächste
Zug nach ...?*

Um ... Uhr. / Um ...

Wann kommt der Zug in ... an?

*Von welchem Gleis fährt der
Zug ab?*

Von Gleis ...

Muss ich umsteigen?

*Ja. In ...
Sie haben Anschluss nach ... / Nein.*

*Bekomme ich die Fahrkarte
bei Ihnen oder am Fahrkartenautomaten?*

*Am Automaten und hier am
Schalter.*

Einfach oder hin und zurück?

*Bitte eine Fahrkarte einfach. /
hin und zurück.*

Eine Freundin / Ein Freund ist am
Bahnhof. Beschreiben Sie den
Weg zu Ihrer Wohnung.

> Hallo ..., ich bin jetzt am Bahn-
> hof. Wie komme ich zu Dir?
> Kann ich zu Fuß gehen?

Nein, du fährst ...

Schreiben Sie ein Gespräch.

Bahnhof / Haltestelle	Datum	Zeit	Gleis
Ulm Hbf	24.5.	ab 12:51	1
Mannheim Hbf	24.5.	ab 14:28	9
Mannheim Hbf	24.5.	ab 14:39	8
Köln Hbf	24.5.	ab 17:05	3

◇ *Wann kommt der
Zug in Köln an?*
● *Um 17 Uhr 05.*

Sie möchten noch mehr üben?

4 | 25–27 AUDIO-TRAINING

VIDEO-TRAINING

Lernziele

Ich kann jetzt ...

A ... nach dem Weg fragen, Wegbeschreibungen verstehen:
   Entschuldigung, ich suche den Bahnhof. _____ ☺ 😐 ☹

B ... sagen: Welche Verkehrsmittel benutze ich?
   Wir fahren mit dem Auto. _____ ☺ 😐 ☹

C ... Ortsangaben verstehen und selbst formulieren:
   Vor der Brücke links. _____ ☺ 😐 ☹

D ... Orte und Richtungen angeben: *Wir gehen zu Walter.* _____ ☺ 😐 ☹

E ... Fahrpläne und Durchsagen verstehen:
   Der Intercity 79697 fährt heute von Gleis 8 ab. _____ ☺ 😐 ☹

   ... am Bahnhof Fahrkarten kaufen: *Wann fährt der Zug nach ...?* _____ ☺ 😐 ☹

Ich kenne jetzt ...

10 Orte in der Stadt:

der Bahnhof, ...

_____

_____

5 Verkehrsmittel:

der Zug, ...

_____

_____

Mein Tag

1 Sehen Sie das Bild an und lesen Sie den Text „Mein Tag". Wer erzählt?

Mein Tag:
Ich habe um sieben Uhr gefrühstückt.
Dann bin ich mit der U-Bahn zum Pariser Platz gefahren. Dort habe ich bis 12 Uhr im Büro gearbeitet.
Dann bin ich mit dem Taxi zum Hauptbahnhof gefahren. Da habe ich einen Geschäftspartner aus Österreich getroffen. Wir sind in ein Restaurant gegangen.
Um 17 Uhr 30 habe ich den Geschäftspartner wieder zum Zug gebracht und dann bin ich nach Hause gefahren.

2 Wählen Sie nun eine Person aus und schreiben Sie einen Text „Mein Tag".
Lesen Sie dann Ihren Text im Kurs vor. Die anderen raten: Wer ist das?

Verkehr und Verkehrsmittel

Sehen Sie den Film zum Thema „Verkehr und Verkehrsmittel" an. Welche Verkehrsmittel sehen Sie? Sammeln Sie im Kurs.

Autos, ...

4 ◀)) 28

Entschuldigen Sie ...?

Entschuldigen Sie? ... Darf ich Sie was fragen?
Ich bin fremd in dieser Stadt. Bitte können Sie mir sagen:
Wie komm' ich denn von hier zur Universität?
Ich hab' einen Termin dort und ich bin schon viel zu spät.
Fahr' ich mit der U-Bahn, mit der S-Bahn, mit dem Bus?
Oder ist es nicht so weit? Dann gehe ich zu Fuß.

Sie geh'n da vorne links an diesem Kiosk vorbei.
Und dann geh'n Sie immer weiter bis zu einer Bäckerei.
Neben dem Geschäft muss auch 'ne Buchhandlung sein.
Und hinter der geht rechts ein kleiner Weg hinein.
Aber Achtung! Dieser Weg ist wirklich ziemlich schmal
und ich glaub', es ist am besten, Sie fragen dort noch mal.

Entschuldigen Sie? ... Darf ich Sie was fragen?
Ich bin fremd in dieser Stadt. Bitte können Sie mir sagen:
Wie komm ich denn von hier zur Universität?
Ich hab' einen Termin dort und ich bin schon viel zu spät.
Fahr' ich mit der U-Bahn, mit der S-Bahn, mit dem Bus?
Oder ist es nicht so weit? Dann gehe ich zu Fuß.

Zur Universität? ... Aha, aha, aha,
... zur Universität, seh'n Sie mal, da geh'n Sie da
hinter diesem Parkplatz rechts die Treppe hinauf
und oben bei der Apotheke dann geradeaus.
Und dann geh'n Sie immer weiter, bis es nicht mehr weitergeht.
Dann sind Sie in der Nähe von der Universität.

Refrain:

Da hinten? Da vorne?
*   ... Danke, danke!*
Links und rechts und
*   ... Danke, danke!*
Da oben? Da unten?
*   ... Danke, danke!*
Geradeaus?
*   ... Das ist wirklich sehr nett!*

1 Hören Sie das Lied und lesen Sie dazu
den Liedtext. Sehen Sie das Bild an.
Wo ist was? Ordnen Sie zu.

○ Buchhandlung   ① Kiosk   ○ Bäckerei
○ Parkplatz   ○ Universität   ○ Apotheke

2 Hören Sie noch einmal und singen Sie
den Refrain mit.

Kundenservice

Folge 12: Super Service!

1 Sehen Sie die Fotos an. Wo sehen Sie was? Ergänzen Sie.

a eine Tasche: _Foto 1 bis 7_   d einen Verkäufer: ....

b eine Plastiktüte: ....   e etwas ist kaputt: ....

c eine Rechnung: ....

4 ◄)) 29–36   **2 Sehen Sie die Fotos an und hören Sie. Was ist richtig?**
            Kreuzen Sie an.

a ○ Laras Tasche war teuer.

b ○ Die Tasche ist neu, aber schon kaputt.

c ○ Der Verkäufer repariert die Tasche heute.

d ○ Lara bekommt ihre Tasche am Dienstag.

e ○ Lara findet den Service gut.

Laras Film

4 ◀)) 29–36 **3 Ordnen Sie zu. Hören Sie noch einmal und vergleichen Sie.**

Dienstag   kaputt   Laden   ~~Tasche~~   Plastiktüte   reparieren   soll

Lara hat eine <u>Tasche</u> gekauft. Sie ist schon _____. Lara geht in
den _____. Der Verkäufer soll die Tasche _____. Er sagt,
Lara _____ die Tasche reparieren. Aber das macht Lara nicht. Lara
bekommt die Tasche am _____ zurück. Am Ende gibt der Verkäufer
Lara eine _____.

4 Sprechen Sie.

   Lara ist sauer.
Verstehen Sie, warum?

*Ja, ich verstehe das.
Der Verkäufer ist ...*

*In meinem
Heimatland ...*

• der Service   • der Verkäufer   unfreundlich   normal   schlecht   nicht so gut   ...

A Gleich **nach dem Kurs** gehe ich hin.

A1 Ordnen Sie zu.

bei   nach   vor

A

B

C

Das ist Lara _____ dem Kurs.

Das ist Lara _____ dem Kurs.

Das ist Lara _____ den Hausaufgaben.

Wann?	
vor nach bei	• dem Kurs • dem Training • der Arbeit • den Haus- aufgaben

⚠ • beim Sport /
• beim Training

4 ◀)) 37 **A2 Ergänzen Sie *bei, nach* und *vor*.**
Hören Sie dann und vergleichen Sie.

vor	• einem Tag
nach	• einer Woche

◆ Ich will Sie nicht *bei der* Arbeit
stören. Aber: Könnten Sie mir bitte helfen?
◉ Was kann ich denn für Sie tun?
◆ Die Tasche habe ich _____ _____ Woche hier bei
Ihrem Kollegen gekauft. Sie ist leider schon kaputt.
Schon _____ _____ Woche.

A3 Ein Tag in Jana Müllers Laden

4 ◀)) 38 **a** Was passiert wann im Laden? Hören Sie und verbinden Sie.

Wann?
1 vor der Mittagspause
2 vor dem Frühstück
3 beim Mittagessen
4 nach der Mittagspause

Was?
Taschen und Kleider
  sortieren
ein bisschen lesen
Reparaturen machen und nähen
viele Taschen und
  Kleider verkaufen

b Sprechen Sie.

*Vor der Mittagspause macht
Frau Müller Reparaturen und ...*

⇆ **A4 Ihr Tag**
Schreiben Sie fünf Sätze über Ihren Tag mit
vor, bei und *nach*. Eine Aussage stimmt nicht.
Ihre Partnerin / Ihr Partner rät.

1 Vor dem Frühstück
dusche ich.
2 Beim Training ...

4 39 B1 Ordnen Sie zu. Hören Sie dann und vergleichen Sie.

a ◆ Wie lange brauchen Sie für die Reparatur?
b ◆ Wie lange dauert es denn?
c ○ Ab wann brauchen Sie die Tasche denn wieder?

◆ Bis morgen?
◆ Ab Montag.
○ Sie bekommen die Tasche in etwa vier bis sechs Wochen zurück.

Wann?	in	• einem	Monat	(Ab) wann?	ab • ⟶	3 Uhr; Dienstag
		• einem	Jahr	Wie lange?	bis ⟶ •	5 Uhr; morgen, nächste Woche
		• einer	Woche			
		• drei	Jahren			

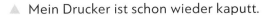

4 40–41 B2 Hören Sie und variieren Sie.

1

◆ Mein Herd funktioniert nicht. Ich brauche dringend Hilfe. Wann kann der Techniker kommen?
○ In einer Stunde ist er bei Ihnen.

Varianten: meine Waschmaschine – 20 Minuten
mein Radio – eine Viertelstunde meine Heizung – 3 Stunden

2

▲ Mein Drucker ist schon wieder kaputt.
□ Oje.
▲ Wie lange brauchen Sie für die Reparatur?
□ Bis morgen. Sie können den Drucker ab 17 Uhr abholen.

Varianten: heute Abend – 18 Uhr Freitag – 15 Uhr morgen Mittag – 12 Uhr

B3 Rollenspiel: Ihr ... ist kaputt. Rufen Sie beim Kundenservice an.

Sie haben ein Tablet Modell C 3.0 gekauft.
Es funktioniert nicht. Sie haben noch 6 Monate Garantie.

◆ Techno Markt, guten Tag. Meier. Was kann ich für Sie tun?
○ Guten Tag. Mein Name ist ... Mein Tablet funktioniert nicht.
◆ Aha. Was für ein Modell ist es?
○ Ein ... Ich habe noch ... Monate Garantie.
◆ Gut, dann bringen Sie das Gerät bitte vorbei.
○ Bis wann können Sie das Gerät reparieren?
◆ Tut mir leid, das kann ich noch nicht sagen.
○ Gut, dann bis später. ...

C Könnten Sie mir das bitte zeigen?

4 ◀)) 42 **C1 Hören Sie und kreuzen Sie an. Welcher Satz ist freundlich ☺, welcher nicht ☹?**

a ☒ ☺   ○ ☹   Könnten Sie mir das bitte zeigen?
b ○ ☺   ○ ☹   Helfen Sie mir!
c ○ ☺   ○ ☹   Geben Sie mir einfach eine neue Tasche!
d ○ ☺   ○ ☹   Würden Sie mir dann bitte mein Geld zurückgeben?

> ☹ Helfen Sie mir!
> ☺ Könnten Sie mir bitte helfen?
>   Würden Sie mir bitte helfen?
>
> Könnten Sie mir bitte helfen?

C2 Was sagt die Chefin? Was antwortet die Assistentin?
Spielen Sie Gespräche.

bitte heute noch die Rechnung hier bezahlen
bitte den Computer anmachen
die E-Mail an die Firma Fischer bitte heute noch schreiben
bitte gleich bei „Söhnke & Co" anrufen
bitte gleich Kaffee machen
die Tür kurz mal zumachen
das Fenster bitte einen Moment aufmachen
bitte Papier für den Drucker kaufen   bitte das Licht ausmachen

◆ Könnten Sie / Würden Sie bitte heute noch die Rechnung hier bezahlen?
○ Natürlich. / Ja, gern. / Nein, das geht leider gerade nicht. Ich muss erst ...

aufmachen
zumachen
anmachen
ausmachen

⇆ **C3 Höfliche Bitten**
Was sagen die Leute? Schreiben Sie zu jeder Situation zwei Sätze.

die Tür aufmachen   die Spülmaschine reparieren
~~Hustensaft oder Tabletten empfehlen~~   einen Tisch im Restaurant reservieren   ...

Sie sind in der Apotheke.

A Würden Sie mir Hustensaft oder Tabletten empfehlen? ...

B
Sie sind im Hotel an der Rezeption.

C
Sie stehen vor Ihrer Wohnungstür. Sie haben keinen Schlüssel.

D
Die Spülmaschine funktioniert nicht.

D Telefonansagen

◀)) 43–46 **D1 Hören Sie vier Ansagen: Wer spricht hier?**

Kreuzen Sie an.

	Autohaus	Schülerhilfe	Amt	Privatperson
Ansage 1				X
Ansage 2				
Ansage 3				
Ansage 4				

◀)) 43–46 **D2 Hören Sie die Ansagen aus D1 noch einmal. Was ist richtig? Kreuzen Sie an.**

1 Was soll die Person tun?
○ Später noch einmal anrufen.
○ Eine andere Nummer anrufen.
○ Eine Nachricht hinterlassen.

2 Ein Anrufer versteht nur Englisch.
Was soll er tun?
○ Die Zahl 4 drücken.
○ Die Zahl 4 sprechen.
○ Die Nummer 4 anrufen.

3 Was soll Herr Tögel tun?
○ Einen Preis sagen.
○ Das Auto verkaufen.
○ Die Firma anrufen.

4 Was soll Frau Brückner tun?
○ Ihren Sohn anmelden.
○ Einen anderen Lehrer nehmen.
⊗ Termine machen.

D3 Eine Ansage für Ihre Mailbox. Wählen Sie passende Sätze und schreiben Sie.

Sprechen Sie dann.

> Sie sind verbunden mit dem Anschluss von … / Hier ist der Anschluss von …
> Im Moment sind wir / bin ich nicht erreichbar.
> Sie erreichen uns / mich unter der Nummer …
> Sprechen Sie bitte Ihren Namen und Ihre Telefonnummer nach dem Ton. / Bitte hinterlassen Sie eine Nachricht.
> Wir rufen / Ich rufe zurück. / Bitte rufen Sie später noch einmal an.

D4 Sprechen Sie auf die Mailbox.

> Sie haben ein neues Auto gekauft. Es ist erst ein Jahr alt und nun ist es kaputt. Sie rufen bei der Werkstatt an.

> Sie haben bei Elektro-Heller einen Kühlschrank Modell Cool 2000 gekauft. Er ist zwei Wochen alt und funktioniert nicht. Rufen Sie an.

> Hier spricht / ist …
> Bitte rufen Sie zurück unter …
> Bitte rufen Sie uns / mich an.
> Meine Nummer ist …
> Vielen Dank und auf Wiederhören!

> **SCHON FERTIG?** Schreiben Sie eine besonders lustige Mailboxansage.

E Hilfe im Alltag

E1 Lesen Sie. Welche Anzeige passt? Ordnen Sie zu.

Anzeige

a Die Freunde Henry, Flo und Paul bekommen um 22 Uhr Hunger
und haben nichts im Kühlschrank. ②

b Frau Bertrams ist 80 Jahre alt. Ihre Enkel kommen. Sie möchte gut aussehen.
Sie kann nicht aus der Wohnung gehen. ○

c Familie Cornelis ist in Urlaub. Draußen vor ihrem Haus liegt Schnee.
Der muss weg. ○

d Die Kaffeemaschine von Lena und Bert funktioniert nicht mehr. ○

e Der Sohn von Frau Förtsch ist schlecht in Deutsch. ○

Michaelas mobiler Friseur

Meisterbetrieb
Tel.: 0176 / 36 50 49 87

Liebe Kundin, lieber Kunde,

ich komme zu Ihnen nach Hause,
ins Büro oder ins Hotel und frisiere oder schneide
Ihre Haare. Denn schöne Haare und eine gute
Frisur sind wichtig, im Job oder in der Freizeit.

Michaela Lex

1

Pizza-auf-Rädern.de

Jetzt online bestellen!

Mo–Sa 10:30 bis 14:00 / 16:30 bis 22:45
Sonntag und Feiertag: 11:00 bis 22:30
Dienstag Ruhetag

Unsere Angebote
Mittagsangebote Mo–Fr von 10:30 bis 14:00
– jede normale Pizza (28 cm) nur 5,00 Euro
– jede große Pizza (32 cm) nur 6,00 Euro
– jedes Nudelgericht nur 5,00 Euro
Donnerstag = Maxi-Pizza-Tag

2

Schülernachhilfe Nürnberg
Zu Hause besser lernen

Wir bieten Nachhilfe für jede Klasse und für jedes Fach an: Unsere Lehrer arbeiten
sehr gut mit Kindern und Jugendlichen zusammen. Machen Sie gleich einen Termin
für eine Probestunde. *Rufen Sie uns an. Wir informieren Sie gern.* Tel.: 0911 / 3428539

3

SIE BRAUCHEN HILFE FÜR HAUS & WOHNUNG?

Hausmeister – Reparaturen –
Hausreinigung – Gartenpflege –
Winterdienst
Kein Problem, wir sind für Sie da.
einfach – schnell – gut

Reuter-Service 0 87 62 / 15 32
www.Reuter-Service.de
Prantlstr. 12 · 38667 Bad Harzburg

4

Reparieren lohnt sich!
REPARATURSERVICE

Ihr Toaster ist kaputt?
Wir **reinigen** und
reparieren Ihr Elektro-
gerät mit Freude.
Ersatzteile haben wir
auf Lager.
E-Mail: ernst@reparaturen.de

5

E2 Sehen Sie den Text an. Was ist das? Kreuzen Sie an.

○ ein Formular ○ eine Gebrauchsanweisung

EIN- UND AUSSCHALTEN DES GERÄTS
Drücken Sie die Taste auf der Rückseite der Maschine 5 Sekunden lang.

REINIGUNG
1. Ziehen Sie den Stecker aus der Steckdose.
2. Öffnen Sie den Deckel oben am Gerät.
3. Nehmen Sie den Wasserbehälter heraus.
4. Reinigen Sie den Wasserbehälter mit Essig.
5. Schließen Sie den Deckel wieder.

KUNDENSERVICE
Ihre Kaffeemaschine ist kaputt? Sie brauchen Hilfe? Auf unserer Homepage
finden Sie die Telefonnummern und E-Mail-Adressen von unserem Kundenservice.
Auch in Ihrer Stadt.

E3 Wie reinigt man die Kaffeemaschine?
Sehen Sie die Bilder an. Ordnen Sie die Sätze 1–5 aus E2 zu.

④   ○   ○   ○   ○

4 ◀)) 47 E4 Anruf beim Kundenservice. Hören Sie das Gespräch.
Wer sagt das? Kreuzen Sie an.

	Kunde	Service-Mitarbeiterin
a Was kann ich für Sie tun?	○	☒
b Könnte ich bitte den Kundenservice sprechen?	○	○
c Ja, hier sind Sie richtig.	○	○
d Würden Sie mir das bitte erklären?	○	○
e Sie können auch alle Informationen in der Gebrauchsanleitung finden.	○	○
f Nichts zu danken.	○	○
g Wenn Sie noch Fragen haben, rufen Sie einfach noch mal an.	○	○

Grammatik und Kommunikation

Grammatik

1 Temporale Präpositionen: *vor, nach, bei, in* + Dativ `ÜG` 6.01

Wann?				Plural
vor	• dem Kurs	• dem Training	• der Arbeit	• den Hausaufgaben
nach	• dem Kurs	• dem Training	• der Arbeit	• den Hausaufgaben
bei	⚠ • beim Kurs	⚠ • beim Training	• der Arbeit	• den Hausaufgaben
in	• einem Monat	• einem Jahr	• einer Woche	• drei Jahren

Ihr Montag: Ergänzen Sie Ihre Termine und schreiben Sie Sätze mit *vor*, *bei* und *nach*.

Montag

09.00

10.00

11.30 *Zahnarzt*

12.00 *Mittagessen*

Vor dem Mittag-essen gehe ich zum Zahnarzt.

2 Temporale Präpositionen: *bis, ab* `ÜG` 6.01

Wie lange ...? Bis morgen / Montag / siebzehn Uhr / nächste Woche.

Ab wann ...?   Ab morgen / Montag / siebzehn Uhr.

3 Höfliche Aufforderung: Konjunktiv II `ÜG` 5.17

	Position 2		Ende
Könnten	Sie	mir bitte	helfen?
Würden	Sie	mir bitte das Geld	zurückgeben?
Könntest	du	mir bitte	helfen?
Würdest	du	mir bitte das Geld	zurückgeben?

Könnten Sie mir bitte helfen?

Ja, gern.

Kommunikation

KUNDENSERVICE: Was kann ich für Sie tun?

Was kann ich für Sie tun?

Könnte ich bitte den Kunden-service sprechen?
Mein Herd funktioniert nicht / ist (schon wieder) kaputt.

Ja, hier sind Sie richtig.

Was für ein Modell ist es?
Bringen Sie das Gerät bitte vorbei.

Ein ... Ich habe noch ... Monate Garantie.

Wann kann der Techniker kommen?

In einer Stunde ist er bei Ihnen.

Wie lange brauchen Sie für die Reparatur?

Tut mir leid, das kann ich noch nicht sagen.

Bis wann können Sie das Gerät reparieren?

Bis morgen.
Sie können ... ab ... Uhr abholen.

Wenn Sie noch Fragen haben, rufen Sie einfach noch mal an.

Sie rufen beim Kundenservice an. Schreiben Sie ein Gespräch.

◊ *Guten Tag.*
  Mein Name ist ...

● *Was kann ich für Sie tun?*

◊ *Mein ... funktioniert nicht ...*

UM ETWAS BITTEN: Könnten Sie mir bitte helfen?

Könnten Sie mir bitte helfen?
Ich brauche dringend Hilfe.
Würden Sie bitte heute noch die Rechnung bezahlen?
Würden Sie mir das bitte erklären?

Natürlich. / Ja, gern. / Nein, das geht leider gerade nicht. Ich muss erst ...
Nichts zu danken.

ANSAGE FÜR DIE MAILBOX: Wir rufen zurück.

Sie sind verbunden mit dem Anschluss von ...
Hier ist der Anschluss von ...
Im Moment sind wir / bin ich nicht erreichbar.
Sie erreichen uns / mich unter der Nummer ...
Sprechen Sie bitte Ihren Namen und Ihre Telefonnummer nach dem Ton.
Bitte hinterlassen Sie eine Nachricht.
Wir rufen / Ich rufe zurück.
Bitte rufen Sie später noch einmal an.

AUF DIE MAILBOX SPRECHEN: Hier ist Oliver Schmitz.

Hier spricht / ist ...
Bitte rufen Sie zurück unter ...
Bitte rufen Sie uns / mich an.
Meine Nummer ist ...
Vielen Dank und auf Wiederhören!

Bitten Sie ...
... Ihre Lehrerin:
Würden Sie mir das bitte erklären?
... Ihren Chef:

... Ihren Arzt:

... einen Verkäufer:

Sie möchten noch mehr üben?

4 | 48–50 AUDIO-TRAINING

VIDEO-TRAINING

Lernziele

Ich kann jetzt ...

A ... Tagesabläufe beschreiben:
Vor der Mittagspause mache ich Reparaturen. ☺ ☺ ☹

B ... Zeitangaben machen:
in einer Woche; ab heute; bis morgen ☺ ☺ ☹

C ... im Alltag höflich um etwas bitten:
Könnten Sie mir helfen? Würden Sie bitte ...? ☺ ☺ ☹

D ... Nachrichten und Ansagen am Telefon verstehen:
Sie sind verbunden mit dem Anschluss ... ☺ ☺ ☹

E ... Service-Anzeigen und Gebrauchsanweisungen verstehen und
bei einem Kundenservice um Hilfe bitten: *Könnte ich bitte den
Kundenservice sprechen?* ☺ ☺ ☹

Ich kenne jetzt ...

5 Wörter zum Thema *Kundenservice*:
die Garantie, ...

5 Wörter zur Telekommunikation:
wählen, ...

Zwischendurch mal ...

Geschäftsideen

Eine Dienstleistung? Ein Laden? Ein Geschäft? Was kann ich anbieten? ... Jeder ist anders, jeder kann etwas. Genau darum geht es in diesem Spiel.

1 Ihre Geschäftsidee. Arbeiten Sie zu dritt. Was können Sie?
Jede/r schreibt einen Zettel für sich.

> Mein Name: Oleg Sicinski
>
> Meine Hobbys sind: Fußball spielen, Basketball spielen
>
> Das kann ich (sehr) gut: Computer reparieren, Drinks mixen, zuhören
>
> Meine Geschäftsidee:
> Bar oder Klub nur für Sportfans

2 Was können die anderen? Was meinen Sie? Schreiben Sie Zettel für die beiden anderen in Ihrer Gruppe.

> Name: Tilda; Hobbys: backen, ...
> kann (sehr) gut: mit Menschen sprechen, ...
> Geschäftsidee: ...

3 Vergleichen Sie jetzt alle Zettel. Zu wem passt welche Geschäftsidee am besten? Entscheiden Sie in der Gruppe.

> Tilda kann sehr gut backen. Und sie spricht gern mit Menschen. Sie kann einen Backkurs geben.

Reise durch Deutschland, Österreich und die Schweiz

Sehen Sie den Film und verbinden Sie die Reiseziele.

Sankt-Peter-Ording
Mecklenburgische Seenplatte
Uckermark
DEUTSCHLAND
Essen
Weimar
Frankfurt am Main
Heidelberg
Schwetzingen
Bodensee
Linz
Waldviertel
Lindau
ÖSTERREICH
SCHWEIZ
Matterhorn

LANDESKUNDE

Informationen für Migranten in Deutschland

A

Sie sind hier: Familie > Kinder > *Kinderbetreuung*

Sie suchen eine gute Betreuung für Ihr Kind? Auf dieser Seite informieren wir Sie über die Kinderbetreuung hier in unserem Stadtteil. Zuerst mal 5 möchten wir Ihnen und Ihrem Kind aber gratulieren! Zusammen sind Sie eine Familie. Von Ihnen bekommt Ihr Kind das Allerwichtigste für sein Leben: Liebe. Aber Ihr Kind braucht 10 noch mehr. Zum Beispiel soll es früh, schnell und gut Deutsch lernen. Besonders gut lernt es die Sprache in einer guten Betreuungseinrichtung, zusammen mit Kindern aus deutschen 15 Familien. Zum Beispiel in der Kinderkrippe, im Kindergarten oder im Hort. Aber denken Sie daran: Man muss sich schon früh anmelden!

B

Sie sind hier: Familie > Kinder > Kinderbetreuung > *Beispiele aus unserem Stadtteil*

BIS DREI JAHRE

Tagesmutter oder Tagesvater
Infotelefon: 98 97 664
Kinderkrippe (AWO)
97 75 453

AB DREI JAHREN BIS ZUR SCHULE

Kindergarten „Regenbogen"
98 22 277
Kindertagesstätte „Die Igel"
97 85 521

AB DEM SCHULALTER
Mittagsbetreuung „St. Florian"
98 12 12 87
Hort in der Margaretenschule
97 56 566
Hausaufgabenbetreuung Peterle
98 98 146

1 Lesen Sie Text A. Kreuzen Sie an.

  a Was bedeutet „Kinderbetreuung"?

    ○ Das Kind ist in der Familie. Dort bekommt es viel Liebe.

    ○ Das Kind ist zusammen mit anderen Kindern in einer Einrichtung, z. B. in einem Kindergarten.

  b Wo lernen ausländische Kinder gut Deutsch?

    ○ Zu Hause. ○ In einer Kinderkrippe oder im Kindergarten.

2 Lesen Sie Text B. Wer ruft wo an? Notieren Sie eine Telefonnummer.

  a Alisa und ihr Mann arbeiten den ganzen Tag. Ihr Sohn ist ein Jahr alt.
Sie haben keinen Platz in der Kinderkrippe bekommen. *98 97 664*

  b Nanas Tochter Anna (15) findet Hausaufgaben oft sehr schwierig.
Nana kann Anna nicht helfen. _____

  c Kemal und Ayşe haben vier Kinder. Drei gehen schon in die Schule.
Nur Ali (4) ist noch zu Hause. Er spricht noch nicht so gut Deutsch wie
seine Geschwister. _____ oder _____

Neue Kleider

Folge 13: Ist das kalt heute!

1 Sehen Sie die Fotos an. Was meinen Sie? Kreuzen Sie an.

a Wem ist kalt?
   Foto 1 ○ Lara   ○ Tim
   Foto 2 ○ Lara   ○ Tim   ○ Ioanna

b Fotos 3–6 Wo sind Lara, Tim und Ioanna? Was machen sie?
   Sie sind in einem ○ Kaufhaus. ○ Supermarkt.
   Sie kaufen eine Jacke  für ○ Lara. ○ Tim.

5 ◀)) 1–8 **2 Was meinen Sie? Welches Foto passt? Ordnen Sie zu. Hören Sie dann und vergleichen Sie.**

Foto

a ○ Ich weiß nicht. Die ist doch zu groß!

b ○ Ist das nicht Tims Jacke? Hast du denn
       keine?

c ○ Sieh mal, Lara! Die Jacke da! Die ist super!

d ○ ◆ Na, was sagt ihr jetzt? Ist der nicht toll?
       ○ Ein Mantel.   Na ja, ...

Foto

e ○ ◆ Nimm doch so eine Regenjacke.
       ○ Ist die nicht zu dünn?

f ○ ◆ Was meinst du, Ioanna?
       ○ Nein, die Farbe passt gar nicht zu dir.

g ○ Ist das kalt heute Morgen!

h ○ Wo bleibt Lara eigentlich?

Laras Film

5 ◀)) 1–8   **3 Lesen Sie und ergänzen Sie. Hören Sie dann noch einmal und vergleichen Sie.**

Lara, Tim und Ioanna fahren am _____ in die Stadt.
Sie wollen eine _____ für Lara _____ .
Ioanna findet eine Jacke für Lara. Lara sagt: Die Jacke ist zu _weit_ !
Auch Tim findet eine Jacke für Lara. Aber Lara findet die Jacke
nicht schön. Zum Schluss kauft Lara allein
einen blauen _____ .

4 Ihre Lieblingsjacke / Ihr Lieblingsmantel
Zeigen Sie ein Foto.

◆ Das ist meine Lieblingsjacke.
○ Sie sieht toll aus. Die Farbe ist schön!

A Sieh mal, Lara, **die Jacke** da! **Die** ist super!

A1 Laras Kleidung

Wie heißen die Kleidungsstücke?
Ordnen Sie zu.

- ○ • die Bluse
- ○ • das T-Shirt
- ○ • die Hose
- ○ • der Mantel
- ○ • die Stiefel
- ○ • der Pullover
- ○ •/• die Jeans
- ○ • das Tuch
- ○ • die Jacke
- ○ • die Schuhe
- ○ • der Rock
- ○ • das Kleid
- ○ • der Gürtel
- ○ • die Socke / • der Strumpf

5 🔊 9–10 **A2 Lara beim Einkaufen. Hören Sie und ergänzen Sie.**

• die Sonnenbrille

• das Hemd

• der Schirm

• der Anzug

1

- ◆ Sieh mal, die Jacke da! Die ist super!
- ○ Ja, ______ ist wirklich schön! Und das Hemd hier, ______ ist auch super! Und der Anzug hier! ______ gefällt Tim sicher! Und die Sonnenbrille auch!
- ◆ Ja, ______ ist nicht schlecht! Und sieh mal, der Gürtel! ______ ist ja toll!
- ○ Aber die Schuhe da, ______ sind nicht so schön, oder?
- ◆ Ja, ______ sind langweilig und auch zu teuer!

2

- ◆ Wie findest du den Schirm?
- ○ ______ finde ich sehr schön.
- ◆ Und das Kleid?
- ○ Hm ..., ______ finde ich hässlich. Aber die Tasche! ______ finde ich super und auch günstig.
- ◆ Ja, stimmt! Und die Stiefel?
- ○ ______ finde ich auch toll!

• der Gürtel	→ Der	ist schön.	• den Schirm	→ Den	finde ich super.
• das Hemd	→ Das		• das Kleid	→ Das	
• die Jacke	→ Die		• die Tasche	→ Die	
• die Schuhe	→ Die	sind schön.	• die Stiefel	→ Die	

A3 Wie finden Sie das? Sehen Sie die Fotos in A2 an und sprechen Sie.

Wie findest du den Anzug?

Den finde ich sehr schön. Und sieh mal ...

B Die Jacke passt **dir** perfekt.

5 ◀)) 11 B1 Was sagt Ioanna, was sagt Tim?
Verbinden Sie. Hören Sie dann und
vergleichen Sie.

> Toll, die Jacke
> passt dir perfekt!

> Ich weiß nicht. Die
> ist doch zu groß.

Ioanna

Tim

> Mir gefällt
> sie nicht.

> Also, mir gefällt
> sie sehr gut.

5 ◀)) 12–13 B2 Wie gefällt dir ...?

a Hören Sie. Worüber sprechen die beiden Frauen?
Kreuzen Sie an.

Susanne   Jan

• Die Jacke   gefällt/passt
• Die Jacken   gefallen/passen

| mir. |
| dir. |
| ihm/ihr. |
| uns. |
| euch. |
| ihnen/Ihnen. |

Sie sprechen über ...
1 Susannes ○ T-Shirt. ○ Haare. ○ Stiefel. ○ Brille. ○ Rock.
2 Jans ○ Mantel. ○ Hemd. ○ Hose. ○ Schuhe.

b Ergänzen Sie. Hören Sie dann noch einmal und vergleichen Sie.

ihr   ~~dir~~   Mir   ihm   dir   ihm

1
◆ Hast du Susannes Haare gesehen? Also, mir gefallen die nicht so gut, und _dir_?
○ _____ gefallen die auch nicht. Aber die Brille sieht toll aus. Die steht _____ richtig gut!
◆ Ich weiß nicht. Die ist doch viel zu groß!

2
◆ Wie gefällt _____ denn Jans Mantel?
○ Super! Der steht _____ richtig gut! Und wie findest du die Hose?
◆ Hm, die passt _____ nicht richtig, finde ich.

⇄ B3 Im Kurs:
Machen Sie Komplimente.

> Mir gefällt Ihr Pullover.
> Der steht Ihnen sehr gut!

> Deine Schuhe gefallen
> mir sehr gut. Die Farbe
> ist auch sehr schön!

> Oh, danke!

> Der Pullover / Das Hemd / Die Hose steht/passt dir/Ihnen sehr gut.
> Die Schuhe gefallen mir sehr gut.

B4 Sprechen Sie.

a Was wissen Sie über Deutschland? Sammeln Sie und machen Sie eine Mindmap.

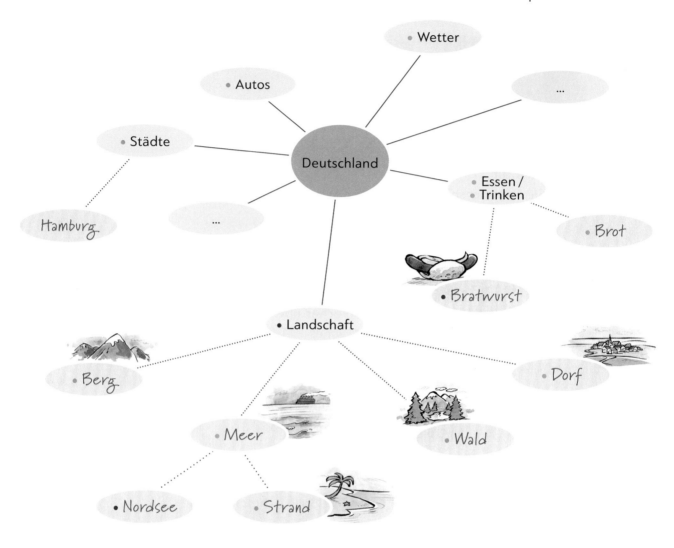

b Was gefällt Ihnen (nicht)? Was schmeckt Ihnen (nicht)? Sprechen Sie über Ihre Mindmap.

1
◆ Hamburg gefällt mir nicht. Und dir?
○ Mir auch nicht. Da ist es so kalt.
▲ Mir schon. Mir gefallen das Meer und der Hafen.
◻ Ich war noch nie in Hamburg.

2
◆ Also, Bratwurst schmeckt mir nicht.
○ Mir schon. Die ist doch lecker.
▲ Ich habe noch nie Bratwurst gegessen.

> Mir gefällt/schmeckt ... Und dir/Ihnen?
> Mir gefallen/schmecken ...
> Mir gefällt/schmeckt ... nicht.

> Mir auch. / Mir nicht.
> Ich war noch nie ... / habe noch nie ...
> Mir schon. / Mir auch nicht.

SCHON FERTIG?
Was ist Ihre
Lieblingsstadt?
Schreiben Sie
einen Text.

5 ◀)) 14 **C1 Ergänzen Sie. Hören Sie dann und vergleichen Sie.**

am besten ~~gut~~ besser

◆ Ein Mantel? Schade … Wir haben super Jacken gefunden.
○ Ja, genau!
◆ Hier, die ist doch richtig _gut_, oder?
○ Und hier, die ist noch _____
▲ Ja, das kann schon sein. Aber mein
Mantel, der steht mir _____!

☺   ☺☺   ☺☺☺
gut   besser   am besten

C2 Ein Weltrekord

a Sehen Sie das Foto an. Was meinen Sie? Was ist der Rekord von Christian Adam?

1 ○ Er kann am besten Geige spielen.
2 ○ Er kann am besten Fahrrad fahren.

3 ○ Er kann am besten
rückwärts Fahrrad fahren
und dabei Geige spielen.

rückwärts | vorwärts
← | →

b Lesen Sie und ergänzen Sie.

WELTREKORD IM „FAHRRAD-RÜCKWÄRTS-GEIGEN"

Diesen Rekord macht Christian Adam so schnell keiner nach! Christian Adam ist am Sonntag 113 km Fahrrad gefahren. „Na und? Fahrrad fahren ist doch nicht
5 schwer. Das kann ich auch!", denken Sie jetzt vielleicht. Aber können Sie auch rückwärts fahren und dabei Geige spielen? Das kann Adam sicher besser und genau das hat er auch gemacht – 113 km
10 lang.
Wer ist dieser Christian Adam? Er ist Musiker von Beruf. In seiner Freizeit fährt er gern Fahrrad. Noch lieber spielt er Geige. „Aber am liebsten mache ich bei-
15 des zusammen: Fahrrad fahren und Geige spielen", meint Adam. Das trainiert er jeden Tag: „Ich spiele viel Geige, fahre noch mehr Rad, aber am meisten trainiere ich natürlich beides zusammen."
20 Christian Adam ist sehr zufrieden: Mit diesem interessanten und lustigen Rekord im „Fahrrad-Rückwärts-Geigen" ist er ins Guinness-Buch der Rekorde gekommen. Na dann, herzlichen Glückwunsch!

---

1 Was macht Christian Adam in seiner Freizeit …

… gern?   … lieber?   … am liebsten?
Fahrrad fahren   _____   _____

☺   ☺☺   ☺☺☺
gern lieber am liebsten
viel mehr   am meisten

2 Was trainiert Christian Adam …

… viel?   … mehr?   … am meisten?
Geige spielen   _____   _____

⇆ **C3 Wer ist das?**

Notieren Sie auf einen Zettel:
Was essen Sie gern/lieber/…? Was können Sie gut/besser…?
Was machen Sie in der Freizeit viel/mehr/…?
Sammeln Sie die Zettel und lesen Sie sie vor.
Die anderen raten: Wer ist das?

Ich esse gern Würstchen. Aber noch lieber esse ich Pommes frites. Am liebsten esse ich Spaghetti.

D Welche meinst du? – Na, diese.

D1 Was sagen Ioanna und Tim? Hören Sie und ordnen Sie das Gespräch.

○ ◆ Soll das ein Witz sein? Die ist ja total langweilig.
○ ○ Na, diese.
○ ◆ Welche denn? Welche meinst du?
① ○ Da, sieh mal! Die Jacke gefällt ihr sicher.

● Welcher Mantel		Dieser.
● Welches Hemd	gefällt dir/ihr/...?	Dieses.
● Welche Jacke		Diese.
● Welche Schuhe	gefallen	Diese.

D2 Was gehört wem?

a Sehen Sie die Fotos an, zeigen Sie und sprechen Sie mit Ihrer Partnerin / Ihrem Partner.

Thomas

Sonja

Tina

Tom

◆ Was meinst du: Welcher Koffer gehört Tom?
○ Ich glaube, dieser da. Und wem gehört dieser Koffer?
◆ Ich denke, dieser hier gehört Sonja.
○ Nein, das glaube ich nicht. Dieser hier gehört ihr.

b Welche Sachen in a finden Sie schön?

◆ Welchen Koffer findest du schön?
○ Diesen hier. Und du?
◆ Ich finde diesen hier toll.

● Welchen Koffer		Diesen.
● Welches Fahrrad	findest du schön?	Dieses.
● Welche Tasche		Diese.
● Welche Schuhe		Diese.

⇄ D3 Schreiben Sie fünf Fragen und fragen Sie Ihre Partnerin / Ihren Partner.

Welchen Wochentag magst du am liebsten?
Welches Buch magst du am liebsten?
Welche Musik magst du gern?
Welcher Film gefällt dir?
...

ich	mag
du	magst
er/sie	mag

E1 Viele Fragen an der Information: *Entschuldigung, wo gibt es …?*

Wesergalerie		
UNTERGESCHOSS AUSGANG U-BAHN	ERDGESCHOSS	OBERGESCHOSS
Sport	Drogerie / Kosmetik	Herrenmode
Fahrräder	Uhren und Schmuck	Kindermode
Elektrogeräte	Bücher/Zeitschriften/ Schreibwaren	Damen-, Herren- und Kinderschuhe
Lampen	Taschen	Spielwaren
Glas und Geschirr	Damenmode	Bad & Wellness
Bettwaren	Young Fashion Damen	Eingang Weser-Restaurant

a Was antwortet die Frau an der Information? Notieren Sie Antworten.

1 Entschuldigen Sie bitte, ich suche Stiefel. Wo gibt es die?
   Wissen Sie das vielleicht?
2 Entschuldigung. Ich brauche Papier für meinen Drucker.
3 Ich möchte ein Spiel für meine Tochter kaufen.
   Wo finde ich das?
4 Wo gibt es Fußbälle? Wissen Sie das?
5 Ich finde die Kinderkleidung nicht.

1 Da müssen Sie ins Obergeschoss gehen.

> *Da müssen Sie ins Obergeschoss/… gehen.*
> *Das/Die finden Sie / sind / gibt es im …*

b Was brauchen Sie und wo finden Sie das? Sprechen Sie mit Ihrer Partnerin / Ihrem Partner.

   ◆ Ich brauche eine Bluse. Wo gibt es denn hier Blusen? Weißt du das?
   ○ Ja, im Erdgeschoss. Ich muss auch noch Seife, eine Zahnbürste und Zahnpasta kaufen.
      Wo finde ich die? …

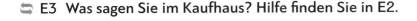

5 ◀)) 16 **E2 Lesen Sie und hören Sie dann. Welche Fragen stellt der Kunde? Markieren Sie.**

Entschuldigung, können Sie mir bitte helfen?   Ist diese Hose nicht zu klein?

Haben Sie die Hose auch in Größe 52?   Welchen Pullover soll ich anziehen?

Haben Sie den Pullover auch in Rot?   Ist die Größe so richtig?

Was kostet denn dieser Pullover?   Wo ist denn die Kasse, bitte?

⇆ **E3 Was sagen Sie im Kaufhaus? Hilfe finden Sie in E2.**

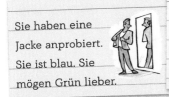

Sie haben eine Jacke anprobiert. Sie ist blau. Sie mögen Grün lieber.

Sie haben einen Mantel in Größe M anprobiert. Der ist zu klein.

Sie haben zwei Jeans anprobiert. Sie wollen aber nur eine kaufen. Sie wissen nicht welche.

zu klein

zu groß

Grammatik und Kommunikation

Grammatik

1 Demonstrativpronomen: *der, das, die* ⓊⒼ 3.04

	Nominativ		Akkusativ	
• der Gürtel	Der		Den	
• das Hemd	Das	ist schön.	Das	finde ich super.
• die Jacke	Die		Die	
• die Schuhe	Die	sind schön.	Die	

2 Frageartikel: *welcher?* – Demonstrativpronomen: *dieser* ⓊⒼ 3.04

Nominativ		Akkusativ	
• Welcher Mantel ...?	Dieser.	• Welchen Mantel ...?	Diesen.
• Welches Hemd ...?	Dieses.	• Welches Hemd ...?	Dieses.
• Welche Jacke ...?	Diese.	• Welche Jacke ...?	Diese.
• Welche Schuhe ...?	Diese.	• Welche Schuhe ...?	Diese.

3 Personalpronomen im Dativ ⓊⒼ 3.01

Nominativ	Dativ	Nominativ	Dativ
ich	mir	wir	uns
du	dir	ihr	euch
er/es	ihm	sie/Sie	ihnen/Ihnen
sie	ihr		

4 Verben mit Dativ ⓊⒼ 5.21

Der Mantel	gefällt	mir.
Das Hemd	steht	dir.

auch so: gehören, passen, schmecken

5 Komparation: *gut, gern, viel* ⓊⒼ 4.04

Positiv ☺	Komparativ ☺☺	Superlativ ☺☺☺
gut	besser	am besten
gern	lieber	am liebsten
viel	mehr	am meisten

6 Verb: Konjugation *mögen*

ich	**mag**	wir	mögen
du	magst	ihr	mögt
er/es/sie	**mag**	sie/Sie	mögen

Hm, der sieht langweilig aus. Der gefällt mir auch nicht. Soll ich diesen nehmen? Oder lieber den?

Schreiben Sie Antworten wie im Beispiel.

a Gehört euch die Tasche?
b Gefällt euch das Fahrrad?
c Schmeckt dir der Käse?
d Steht mir das Kleid?
e Gefällt Eva der Schirm?
f Schmeckt Jakob die Bratwurst?

a Ja, die gehört uns.

TiPP

Lernen Sie diese fünf Verben mit Dativ auswendig:
gefallen – gehören – passen – stehen – schmecken

Schreiben Sie.
Wer in Ihrer Familie / von Ihren Freunden isst viel, wer mehr, wer am meisten?

Meine Mutter isst nicht viel, aber mein Vater! Noch mehr isst mein Bruder. Und am meisten esse ich ☺!

Kommunikation

ETWAS BEWERTEN: Die Jacke passt dir perfekt.

Die Jacke ist (sehr) schön / super / toll / (sehr) günstig / nicht schlecht.
Die Schuhe sind (total) hässlich / langweilig / nicht (so) schön / (zu) teuer / ...
Der Pullover gefällt / passt / steht mir / dir / Ihnen / ... (richtig) gut.
Die Schuhe / ... gefallen / passen / ... mir / dir / Ihnen / ... sehr gut.

VORLIEBEN: Mir gefällt das Hemd.

Mir gefällt / schmeckt ... (nicht) | Mir gefallen / schmecken ...
Mir gefällt / Ich finde ... gut / besser / am besten.
Ich mag / esse ... gern / lieber / am liebsten.

Und dir / Ihnen?	*Mir auch. / Mir nicht.*
	Mir schon. / Mir auch nicht.
Wie findest du den / das / die ...?	*Den / Das / Die finde ich ...*
Wie gefällt dir ...?	
Ja, stimmt.	
Welchen Koffer / Welches Fahrrad / Welche Tasche findest du schön?	*Diesen. / Dieses. / Diese.*

AN DER INFORMATION: Entschuldigen Sie bitte, ich suche Stiefel.

Entschuldigen Sie bitte, ich suche Stiefel. Wo gibt es die?
Wissen Sie das vielleicht? | Wo finde ich ...? | Ich finde ... nicht.
Da müssen Sie ins Obergeschoss/... gehen. | Die finden Sie / sind / gibt es im ...

KLEIDUNG KAUFEN: Haben Sie die Hose auch in Größe 52?

Ist diese Hose nicht (viel) zu klein / zu lang / ...? | Haben Sie den Pullover / die Hose auch in Größe ... / in Rot? | Ist die Größe so richtig? | Was kostet denn ...? | Wo ist denn die Kasse, bitte?

Suchen Sie Fotos oder Bilder in den Lektionen. Wie finden Sie die Sachen/Leute? Schreiben Sie.

Das Meer finde ich toll!

Sie möchten noch mehr üben?

5 | 17–19 AUDIO-TRAINING

VIDEO-TRAINING

Lernziele

Ich kann jetzt ...

A ... Kleidungsstücke benennen und sagen: Das gefällt mir (nicht):
Die Jacke da! Die ist super! ☺ ☺ ☹

B ... sagen: Das gefällt/schmeckt mir (nicht):
Deine Schuhe gefallen mir sehr gut. ☺ ☺ ☹

C ... über Vorlieben sprechen und etwas bewerten:
Mein Mantel steht mir am besten. ☺ ☺ ☹

D ... Gegenstände auswählen:
Welchen Koffer findest du schön? – Diesen hier. ☺ ☺ ☹

E ... mich im Kaufhaus orientieren und um Hilfe oder Rat bitten:
Entschuldigen Sie bitte, ich suche Stiefel. Wo gibt es die? ☺ ☺ ☹

Ich kenne jetzt ...

10 Kleidungsstücke:
der Mantel, ...

5 Gegenstände:
der Schirm, ...

HÖREN

Männer mögen Mode

5 ◀)) 20–23   **1** Über wen sprechen die beiden Frauen?
Hören Sie und ordnen Sie zu.

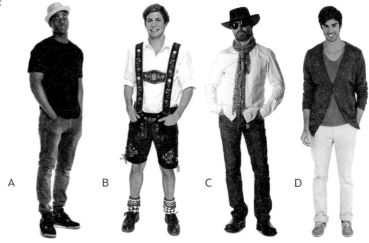

A   B   C   D

Gespräch	1	2	3	4
Mann	D			

2 Männermode: Welches Model bekommt in Ihrem Kurs die meisten Punkte?
Jeder darf einen Plus- und einen Minuspunkt vergeben.

	Model A	Model B	Model C	Model D
Pluspunkte	卌			
Minuspunkte	||||			
Endergebnis	+1			

PROJEKT

Meine Topmodels

Wie sollen Ihre „Topmodels" aussehen?
Zeichnen Sie zwei Figuren. Welche Haarfarbe
sollen sie haben? Und vor allem: Welche
Kleider und Schuhe sollen sie anziehen?
Sicher haben Sie schon eine Idee.
Mit Bleistift und Buntstiften
geht das eins, zwei, drei.
Na, dann mal los und viel Spaß!

Geben Sie dem Mann und der Frau einen
Vornamen. Stellen Sie dann Ihr „Model" im
Kurs vor. Sehen Sie zum Schluss alle „Models"
noch einmal an.
Welches gefällt Ihnen am besten? Warum?

Das ist Orhan. Orhan mag am liebsten T-Shirts und Jeans. Und das ist seine Freundin Mia. Diese Bluse steht ihr besonders gut.

GEDICHT

„Elfchengedichte"

STILL
DAS FEUERZEUG
WARTET UND WARTET
ICH HABE ES GESCHAFFT
NICHTRAUCHER!

Kaputt
Die Brille
Auf dem Boden
Ich bin schon unterwegs
Optiker

ALT
DIE SCHUHE
....
....
....

....
....
....

Lesen Sie die „Elfchengedichte". Schreiben Sie dann selbst zwei Gedichte.
So schreibt man „Elfchengedichte":

1. Zeile (1 Wort): ....
2. Zeile (2 Wörter): ....
3. Zeile (3 Wörter): ....
4. Zeile (4 Wörter): ....
5. Zeile (1 Wort): ....

Feste

Folge 14: Ende gut, alles gut

1 Sehen Sie die Fotos an.

a Was meinen Sie? Sprechen Sie.

– Wer hat Geburtstag?
– Wer schenkt die Hausschuhe?
– Wer schenkt den Hula-Hoop-Reifen?

– Foto 5 Warum sehen alle traurig aus?
– Foto 7 Was erzählt Tim?

5 ◀) 24–31   b Hören Sie dann und vergleichen Sie.

5 ◀) 28–31   ## 2 Was ist richtig? Hören Sie noch einmal und kreuzen Sie an.

a Die Freunde feiern heute nicht nur Geburtstag. Sie feiern auch
  ○ Abschied: Lara und Tim fahren bald nach Hause. ○ Sofias neue Arbeitsstelle.

b Für Walter ist Lara wie eine ○ Schwester. ○ Tochter.

c Tim ○ beginnt eine Ausbildung in Kanada. ○ arbeitet bald in einem Hotel in Deutschland.

3 Geburtstagswünsche. Was sagt man? Markieren Sie.

Ich wünsche dir viel Glück und Freude!   Vielen Dank.

Alles Liebe/Gute zum Geburtstag!   Ich wünsche dir vor allem Gesundheit.   Gute Besserung.

Alles Gute!   Gut gemacht!   Herzlichen Glückwunsch!   (Ich) Gratuliere!

Laras Film

4 Ende gut, alles gut.

Was machen Sie nach dem Deutschkurs? Wissen Sie das schon? Erzählen Sie.

> Ich mache noch einen Deutschkurs.

> Ich glaube, ich mache eine Pause und besuche meine Eltern in Rumänien.

> Ich habe einen Job in einem Restaurant gefunden.

A Am **fünfzehnten** Januar fange ich an.

A1 Was ist richtig? Verbinden Sie. Hören Sie dann und vergleichen Sie.

a Heute
b Nächste Woche
c Am dreißigsten November
d Am fünfzehnten Januar

fängt Tim mit der Arbeit an.
ist Walters Geburtstag.
endet der Deutschkurs.
fährt Lara nach Hause.

Wann?		
1.–19.	**-ten**: am ersten, zweiten, dritten, vierten, fünften, sechsten, siebten …	Januar
ab 20.	**-sten**: am zwanzigsten, einundzwanzigsten …	Januar

A2 Notieren Sie Ihren Geburtstag und machen Sie eine Geburtstagsschlange.

◆ Wann hast du Geburtstag?
◉ Am 13. März. Und du?
◆ Ich habe am 4. Januar Geburtstag.
▫ Ich bin am 19. Januar geboren.
▲ Und ich habe am 11. Februar Geburtstag.

Januar	Juli
Februar	August
März	September
April	Oktober
Mai	November
Juni	Dezember

A3 Fest- und Feiertage: Lesen Sie die Texte. Was ist richtig? Kreuzen Sie an.

A ○ Am 14. Februar soll man Blumen kaufen.
B ○ Der Karneval dauert bis zum 12. Februar.
C ○ Der erste Mai ist in Deutschland kein Arbeitstag.

der erste, zweite, dritte … Mai
vom zwölften bis (zum) siebzehnten Februar

Schenken Sie Blumen!

Nicht vergessen:
Am 14. Februar ist
Valentinstag.
Blumenstube Inge

A

Karneval – HIER FINDEN SIE ALLE INFOS UND VERANSTALTUNGEN ZUR FÜNFTEN JAHRESZEIT IN MAINZ!
Die letzten sechs Karnevalstage sind in diesem Jahr vom 12. Februar bis zum 17. Februar.

B

UMFRAGE

Der erste Mai heißt auch „Tag der Arbeit". Aber wir müssen nicht arbeiten. Machen Sie mit und schreiben Sie: Was machen Sie an diesem Feiertag?

C

⇆ **A4 Feiert man in Ihrem Land auch Valentinstag, Karneval oder den ersten Mai? Erzählen Sie.**

Ich kenne den Valentinstag nicht.

Ich mag den Valentinstag. Bei uns heißt er „Freundetag" und …

5 ◀)) 33–34 **B1 Hören Sie und ordnen Sie zu.**

Lili: „Ich habe dich sehr lieb, Opa."

uns   mich   ~~dich~~   dich

ich	mich
du	dich
er/es/sie	ihn/es/sie
wir	uns
ihr	euch
sie/Sie	sie/Sie

1

◆ Ich habe _dich_ sehr lieb, Opa.

○ Ich _____ auch.

2

○ Für _____ gehörst du nun zur Familie.

  Du bist wie eine zweite Tochter für _____ .

▲ Ach, Walter, das ist so lieb.

für mich
für dich

B2 Ergänzen Sie die Nachrichten.

1

> Du, Andrej hat morgen Geburtstag.
> Wir brauchen ein Geschenk für _____ .
> Hast du eine Idee?

> Er liest gern. Wir können
> ein Buch kaufen.

> Okay. Kaufst du _____ ?

> Ja, gut.

> Danke, ich liebe _____ . ♥

2

> Hallo Rike, wann besuchst du _____
> mal wieder?

> Hallo Mama, hallo Papa, ich besuche
> _____ am Sonntag. Okay?

> Prima. Deine Schwester kommt auch.

> Wirklich? Wunderbar! Ich habe _____
> schon seit Wochen nicht gesehen.

B3 Alles schon erledigt! Spielen Sie Gespräche.

◆ Du, ich muss noch den Tisch decken.

○ Ich habe ihn schon gedeckt.

◆ Oh, super! Aber wir müssen noch ...

● die Getränke kaufen ● die Pizza backen ● den Salat machen
● den Nachtisch machen ● das Bad putzen ...

🔁 **B4 Um Hilfe bitten**

a Notieren Sie mit Ihrer Partnerin / Ihrem Partner zwei
„Probleme" und
Bitten auf Kärtchen.

> Mein Laptop ist kaputt.
> → bitte reparieren?

> Meine Bluse ist schmutzig.
> → bitte waschen 🧺?

b Nehmen Sie ein Kärtchen. Gehen Sie im Kursraum
herum. Bitten Sie um Hilfe. Tauschen Sie dann Ihr
Kärtchen. Suchen Sie eine neue Partnerin / einen
neuen Partner.

> Mein Laptop ist kaputt.
> Kannst du ihn bitte
> reparieren?

> Nein, leider nicht.
> Meine Bluse. ...

C Wir feiern Abschied, **denn** ...

5 ◀)) 35 **C1 Was ist richtig? Wissen Sie es noch? Kreuzen Sie an.**
Hören Sie dann und vergleichen Sie.

a Familie Baumann, Lara und Tim feiern Abschied,
  ○ denn Lara und Tim fahren nach dem Deutschkurs nach Hause.
  ○ denn Lara muss ihre kranke Großmutter besuchen.

b Tim kommt bald zurück nach Deutschland,
  ○ denn er beginnt eine Ausbildung.
  ○ denn er hat eine Stelle gefunden.

> Sie feiern Abschied. Lara und Tim
> fahren nach Hause.
> ┈┈┈┈┈┈┈┈┈┈┈┈┈┈┈┈┈┈┈┈┈┈┈
> Sie feiern Abschied, denn Lara
> und Tim fahren nach Hause.

C2 Lara und Tim organisieren eine Abschiedsfeier.

a Wer kommt?
Kreuzen Sie an.

○ Ioanna
○ Frau Reimann
○ Eduardo
○ Sibel
○ Pawel

> Liebe Kurskolleginnen und Kurskollegen, liebe Frau Reimann!
> Nächste Woche endet der Deutschkurs. Wir möchten das gern
> zusammen mit Euch feiern. Und zwar am Freitag, 28. November,
> ab 18.30 Uhr in der Park-Bar.
> Gebt bitte Bescheid bis 25. November.
> Lara und Tim
> ──────────────────────────────
> Ioanna: Super Idee. Ich komme gern!
>
> Maria Reimann: Liebe Lara, lieber Tim! Vielen
> Dank für die Einladung. Leider kann ich nicht
> kommen, **denn ich habe am Abend noch einen Kurs.**
>
> Eduardo: Ich kann leider nicht mitkommen, denn
> mein Flug nach Hause geht schon am Freitagmittag.
> Schade!
>
> Sibel: Tut mir leid, aber ich habe keine Zeit.
> Ich bin Krankenschwester und am Freitag habe ich
> Nachtschicht.
>
> Pawel: Danke für die Einladung! Ich bin dabei.
> Bis morgen im Kurs.

b Warum kommen die Personen nicht? Markieren Sie in a und schreiben Sie.

1 _Maria_ kommt nicht, denn sie _____
2 _____ kommt nicht, denn sein _____
3 _____ kommt nicht, denn sie _____

🔁 **C3 Warum können Sie nicht zur Abschiedsfeier kommen?**
Schreiben Sie eine Nachricht an Lara und Tim. Tauschen Sie die Nachricht dann
mit Ihrer Partnerin / Ihrem Partner. Sie/Er korrigiert.

D Einladungen

14

D1 Lesen Sie und ordnen Sie zu.

○ Weihnachtsfeier   Ⓐ Geburtstag   ○ Kindergartenfest

A

Liebe Vanessa,

am Donnerstag werde ich **30**!
Das müssen wir feiern.
Ich lade Dich zu meiner Party ein.

Kannst Du kommen?
Ich würde mich freuen.
Viele Grüße

Lisa

Wann: Samstag,
19. August, ab 19 Uhr

Wo: Bei mir zu Hause

Mitbringen:
gute Laune

ich	werde	
du	wirst	30
er/sie	wird	

B

Einladung zum
Sommerfest im
Kindergarten Regenbogen

Termin: Samstag, 16. Juni,
14.00 Uhr

mit Kinderflohmarkt, Spielen,
Kinderschminken und Tombola,
Kuchenbüfett, Würstchen ...

Wir laden alle herzlich zu
diesem Fest ein. Wir freuen
uns auf viele Gäste.

Das Kindergarten-Team

C

E-Mail senden

Liebe Mitarbeiterinnen und Mitarbeiter,
auch dieses Jahr möchten wir wieder mit Ihnen Weihnachten feiern: am 12. Dezember um 16.00 Uhr im Restaurant Lindenhof.
Wir freuen uns auf Ihr Kommen. Bitte melden Sie sich bis
1. Dezember an (sekretariat@wohlleben.de).
Mit freundlichen Grüßen
Gerhard Hintermayr

D2 Laden Sie eine Freundin / einen Freund ein. Schreiben Sie eine Einladung.

Nennen Sie den Grund für die Einladung, das Datum,
den Ort und die Uhrzeit. Bitten Sie um Antwort.

einladen	zu einer / zur	● Party
	zu einem / zum	● Geburtstag
		● Grillfest

Anrede	→	Liebe/Lieber ...,
Einladung	→	Ich habe Geburtstag. / Am ... werde ich ... (Jahre alt). / Ich möchte meinen Geburtstag feiern / ein Grillfest machen / ... und lade Dich dazu ein. / Ich lade Dich zu meiner Geburtstagsparty / zu meinem Geburtstag / zu einem Grillfest / ... ein.
Zeit/Ort	→	Wann: ... / Wo: ...
Frage/Bitte	→	Kommst Du? / Kannst Du kommen? Ich würde mich freuen. Bitte antworte bis ... / Bitte gib Bescheid bis ...
Gruß	→	Viele/Herzliche Grüße

E Feste und Glückwünsche

E1 Was passt zu den Festen?
Ordnen Sie zu.

A
• das Feuerwerk

B
• der Weihnachtsmann

C
• die Ostereier

	Foto
Ostern	C,
Weihnachten	
Silvester/Neujahr	

D
• der Osterhase

E
• der Weihnachts-
baum

E2 Mein Lieblingsfest

a Was ist ihr/sein Lieblingsfest? Lesen Sie die Texte auf Seite 173 und verbinden Sie.

1 Mia   Silvester/Neujahr/Weihnachten
2 Vladimir   Zuckerfest
3 Pinar   Ostern

b Lesen Sie noch einmal und korrigieren Sie.

1

a In Mias Familie gibt es an Ostern ~~kein~~ Frühstück.   *ein super*
b Sie spielen ein Osterschinken-Spiel.
c Nach dem Frühstück sucht Mia den Osterhasen.

2

a In Russland feiert man Weihnachten am 25. Dezember.
b An Weihnachten bekommen alle noch einmal Geschenke.
c Es gibt einen Weihnachtsmann.

3

a Das Zuckerfest beginnt am Ramadan.
b Das Zuckerfest dauert drei Wochen.
c Die Kinder bekommen Zucker.

Mein Lieblingsfest

MIA, 7

Mein Lieblingsfest ist Ostern. Am Ostersonntag machen wir immer ein super Osterfrühstück. Da gibt es Osterfladen[1] und Osterschinken und natürlich Ostereier. Die sind außen farbig und innen hart. Wir machen dann immer das Spiel „Eiertitschen". Jeder bekommt ein Osterei und dann schlägt man die Eier gegeneinander: Peng, peng, peng![2] Sind am Ende alle anderen Eier kaputt und nur dein Ei nicht? Dann hast du gewonnen![3] Nach dem Frühstück gehen wir in den Garten und suchen unsere Ostereier. Oma sagt: Die hat der Osterhase versteckt. Aber das glaube ich nicht.

VLADIMIR, 26

Mein Lieblingsfest? Silvester und Weihnachten finde ich sehr schön. In vielen Ländern feiert man Weihnachten ja am 25. Dezember. Bei uns Russen ist Weihnachten erst am 7. Januar. So etwas wie Weihnachtsbäume haben wir auch. Für uns sind das aber „Neujahrsbäume". Geschenke für alle gibt es bei uns am 31. Dezember. Da feiern wir das Jahresende und wünschen Glück für das neue Jahr. An Weihnachten (7. Januar) bekommen dann nur die Kinder noch einmal Geschenke. Einen Weihnachtsmann haben wir nicht. Bei uns gibt es „Väterchen Frost" und seine Enkelin „Snegurotschka"[4].

PINAR, 38

Mein Lieblingsfest ist „ŞekerBayramı", das ist Türkisch und heißt „Zuckerfest". Im Fastenmonat „Ramadan" dürfen Muslime nur in der Nacht essen und trinken. Wir freuen uns von Tag zu Tag immer mehr auf das Fastenende. Wir räumen dann unsere Wohnung besonders gut auf und machen alles ganz sauber. Das Zuckerfest beginnt am ersten Tag nach dem Ramadan und dauert drei Tage. Alle sind fröhlich[5]. Man zieht sich schön an und macht Besuche bei Freunden und Verwandten. Man kocht, backt und isst zusammen. Die Kinder bekommen Geschenke und Süßigkeiten.

E3 Welche Glückwünsche passen?

Sehen Sie die Karten an und ordnen Sie zu.

A   B   C   D

1 Ⓑ Frohe Ostern!   2 ◯ Wir gratulieren zur Hochzeit.   3 ◯ Frohe Weihnachten!
4 ◯ Ein gutes neues Jahr!

Grammatik und Kommunikation

Grammatik

1 Ordinalzahlen: Datum `ÜG` 8.01

1.–19. → -te		ab 20. → -ste	
1.	der erste	20.	der zwanzigste
2.	der zweite	21.	der einundzwanzigste
3.	der dritte	...	
4.	der vierte		
5.	der fünfte		
6.	der sechste		
7.	der siebte		
...			

Wann?

Am zweiten Mai.
Vom zweiten bis (zum) zwanzigsten Mai.

Welche drei Tage in Ihrem Leben sind besonders wichtig für Sie? Schreiben Sie.

> Der dreizehnte Juli ist wichtig für mich. Da habe ich meinen Mann kennengelernt. ...

2 Personalpronomen im Akkusativ `ÜG` 3.01

Nominativ	Akkusativ	Nominativ	Akkusativ
ich	mich	wir	uns
du	dich	ihr	euch
er/es/sie	ihn/es/sie	sie/Sie	sie/Sie

für mich, dich ...

Wer?   Wen oder was?
Ich **liebe** dich.

3 Konjunktion: *denn* `ÜG` 10.04

Sie feiern Abschied. Lara und Tim fahren nach Hause.
Sie feiern Abschied, denn Lara und Tim fahren nach Hause.

Wählen Sie ein Thema und schreiben Sie Sätze mit *denn*. Wie viele Sätze finden Sie in drei Minuten?

> Ich liebe Hunde, denn ... I Mein Lieblings-monat ist der ..., denn... I Ich liebe die Berge / das Meer, denn ...

4 Verb: Konjugation `ÜG` 5.16

werden	
ich	werde
du	wirst
er/es/sie	wird
wir	werden
ihr	werdet
sie/Sie	werden

Wie alt wird Ihre Familie in diesem Jahr? Schreiben Sie und rechnen Sie.

Meine Mutter wird _____

Meine Oma wird _____

_____

_____

Zusammen werden wir _____
Jahre alt.

Kommunikation

ÜBER JAHRESTAGE SPRECHEN: Ich habe am 4. Januar Geburtstag.

Wann hast du Geburtstag?
Am 13. März. / Ich habe am 4. Januar Geburtstag. /
Ich bin am 19. Januar geboren.

GLÜCKWÜNSCHE: Alles Gute!

Alles Liebe/Gute (zum Geburtstag). | Herzlichen Glückwunsch
(zum Geburtstag / ...)! / Gratuliere! | Ich gratuliere / Wir gratulieren
zur Hochzeit. / zur/zum ... | Ich wünsche dir viel Glück und Freude
und Gesundheit. | Frohe Ostern! | Frohe Weihnachten!
(Ein) Gutes neues Jahr!

BRIEFE / E-MAILS SCHREIBEN: Liebe Vanessa!

Liebe/Lieber ..., | Viele/Herzliche Grüße | Mit freundlichen Grüßen

EINLADEN: Ich lade Dich / Sie ein.

Ich habe Geburtstag. | Am ... werde ich ... (Jahre alt). | Ich möchte
meinen Geburtstag feiern und lade Dich/Sie dazu ein. | Ich lade
Dich/Sie zu meiner Geburtstagsparty / zu meinem Geburtstag ein.
Wir möchten ... gern zusammen mit Euch/Ihnen feiern.

Kommst Du / Kommen Sie? | Kannst Du / Können Sie kommen?
Ich würde mich freuen. | Wir freuen uns auf viele Gäste. /
Ihr Kommen.

Bitte antworte bis ... | Bitte gib / geben Sie Bescheid bis ...
Bitte melden Sie sich bis ... an.

ZU- UND ABSAGEN: Ich kann nicht kommen.

Vielen Dank für die Einladung. | Ich komme gern! | Leider kann ich
nicht kommen. | Ich kann leider nicht (mit-)kommen. | Tut mir leid,
aber ich habe keine Zeit.

> Frohe Weihnachten!

> Weihnachten? Heute ist der 1. April. Es ist Ostern.

> Oje, dann bin ich ja schon wieder zu spät.

Sie machen eine Silvesterparty.
Schreiben Sie eine Einladung.

> Liebe Caro,
> ich möchte eine
> Silvesterparty
> machen ...

Sie möchten noch mehr üben?

5 | 36–38 AUDIO-TRAINING

VIDEO-TRAINING

Lernziele

Ich kann jetzt ...

A ... das (Geburts-)Datum nennen: *Ich habe am 4. Mai Geburtstag.* _____ ☺ ☺ ☹
B ... über Personen und Dinge sprechen: *Ich habe dich sehr lieb, Opa.*
    ... um Hilfe bitten: *Kannst Du ihn bitte reparieren?* _____ ☺ ☺ ☹
C ... eine Einladung zu- oder absagen und einen Grund nennen:
    Ich komme gern. / Ich kann leider nicht kommen, denn mein Flug
    geht am Freitagmittag. _____ ☺ ☺ ☹
D ... Einladungen lesen und schreiben:
    Liebe Vanessa, ich lade Dich zu meiner Party ein. _____ ☺ ☺ ☹
E ... Texte zum Thema „Mein Lieblingsfest" verstehen und gratulieren:
    Wir gratulieren zur Hochzeit. _____ ☺ ☺ ☹

Ich kenne jetzt ...

5 Wörter zum Thema *Feste*:
Ostern, ...

5 Glückwünsche:
Alles Gute!, ...

Zwischendurch mal ...

SCHREIBEN

Das Lieblingsfest von Maija aus Riga

„In Lettland feiern wir am 23. Juni das Mittsommerfest und am 24. Juni den Johannistag. Beides zusammen heißt bei uns Jāņi.
Wir feiern da den Sommer und die Natur. Am Mittsommertag ist der Tag fast 18 Stunden lang. Wir machen dann große Feuer, und die brennen bis zum Morgen. Man sagt, das bringt Glück und ist gut gegen böse Geister.
Wir singen spezielle Lieder, die Dainas.
Natürlich essen und trinken wir auch, zum Beispiel Kümmelkäse und Bier.
Jāņi ist mein Lieblingsfest, denn ich liebe den Sommer und die Sonne."

1 Lesen Sie den Text und ergänzen Sie.

a In welchem Land ist das Fest? ....

b Wann ist das Fest? ....

c Was feiert man? ....

d Was macht man? *Feuer machen, singen, ...*

2 Ihr Lieblingsfest
Machen Sie Notizen und schreiben Sie dann Ihren Text.
Bringen Sie auch ein Foto mit.

> Mein Lieblingsfest ist ...
> Es ist am ... / im ...
> Man feiert ...
> Wir singen/tanzen/feiern/essen/schenken/...

Mein Lieblingsfest
Mein Lieblingsfest ist Weihnachten.
In Polen feiert man Weihnachten
am 24. Dezember. Wir ...

Sprichwort

Lösen Sie das Rätsel und finden Sie ein bekanntes deutsches Sprichwort.

1, 2, 5 → I N

1, 2, 3, 7 → ☐ ☐ ☐

N + 8 → ☐ ☐ ☐ ☐ ☐

1 = S → ☐ ☐ ☐ ☐

3 = L → ☐ ☐ ☐ ☐

K A T Z E N

1 = G → ☐ ☐ ☐ ☐

Lösung:
In der Nacht sind alle Katzen grau.

Juhu! Fertig mit A1!

Der A1-Deutschkurs ist nun fast zu Ende. Gemeinsam haben Sie viel gelernt und bald kommt etwas Neues, zum Beispiel der A2-Kurs? Aber vorher wollen Sie sicher noch einmal zusammen auf Ihre „A1-Zeit" zurückschauen. Hier sind zwei Ideen. Wählen Sie eine Idee. Arbeiten Sie zu zweit oder in Gruppen. Haben Sie eigene Ideen? Nur zu! Wir, das „Schritte-Team", sagen „Dankeschön für Ihre Mitarbeit!", wünschen Ihnen viel Spaß und Erfolg beim „Weitermachen".

Idee 1:
Eine Wandzeitung mit Lieblingswörtern von allen Kursteilnehmern
a Sammeln Sie das deutsche Lieblingswort von jedem Kursteilnehmer und machen Sie damit eine Wandzeitung oder eine Computer-Präsentation.
b Stellen Sie das Ergebnis im Kurs vor.

Idee 2:
Eine Präsentation mit Fotos von den Kursteilnehmern
a Sammeln Sie Fotos von allen Kursteilnehmern und machen Sie damit eine Wandzeitung oder eine Computer-Präsentation.
b Stellen Sie das Ergebnis im Kurs vor und ergänzen Sie gemeinsam die Informationen zu den Fotos (Name, Hobbys usw.).

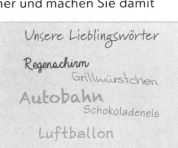

Unsere Lieblingswörter
Regenschirm
Grillwürstchen
Autobahn
Schokoladeneis
Luftballon

Quellenverzeichnis

Kursbuch

Cover: © Bernhard Haselbeck, München   U2: © Digital Wisdom

Quellenverzeichnis Kursbuch
S. 13: B4: A © Glow Images/uwe kraft; B © iStock/EdStock; C © Thinkstock/Getty Images; D © Glow Images/MICHAEL KOLVENBACH   S. 15: C4 links © Florian Bachmeier, Schliersee   S. 16: D3: Frau © Thinkstock/iStockphoto/nyul; Mann © Thinkstock/Wavebreakmedia   S. 17: E1: Stiefel © Thinkstock/iStock/Nataliya Kalabina; Hygieia Symbol © Thinkstock/iStock/Kreatiw; E2 © iStockphoto/krie   S. 19: © Thinkstock/Wavebreakmedia   S. 20: ANNA © Kraus Film, München   S. 21: Ü1: Bilder © Minga Media Entertainment GmbH, München; Ü2.1 © Digital Wisdom   S. 22: Ben © Franz Specht, Weßling; Familie © Thinkstock/iStock/Andrea McLean   S. 23: Paar © fotolia/goodluz; Ben © Franz Specht, Weßling; Familie © Thinkstock/iStock/Andrea McLean   S. 25: Luise © Thinkstock/Stockbyte/Jupiterimages; Tobias © Thinkstock/Banana Stock   S. 26: Familie © Thinkstock/iStock/Andrea McLean; Cheng © iStockphoto/bo1982; Navid © Thinkstock/iStock/XiXinXing; Owusu © Thinkstock/Photodisc/Ryan McVay   S. 28: Karte © Digital Wisdom; Windrose © fotolia/Ruediger Rau; Hamburg © PantherMedia/Jutta Glatz; Berlin © fotolia/Sliver; Wien © fotolia/Pfluegl; Zürich © Thinkstock/iStock/elxeneize; Fahne CH © Thinkstock/Wavebreak Media; Fahnen D, A © Thinkstock/Hemera   S. 29: A © Thinkstock/Hemera; B © Thinkstock/Stockbyte/Jupiterimages; C © fotolia/Yuri Arcurs; D © Thinkstock/iStock/Dmitry Maslov   S. 31: © PantherMedia/Jutta Glatz   S. 32: Elisa © Kraus Film; München   S. 36: A4 Notizzettel © Thinkstock/iStock/Peshkova   S. 37: Tomate © fotolia/Zbigniew Kosmal; Orange © Thinkstock/iStock/Nomadsoul1; Birne © Thinkstock/iStock/nitrub; Brot © Thinkstock/iStock/red2000; Ei © Thinkstock/iStock/GoodDween123; Bananen © Bildunion/Martina Berg   S. 38: Bananen © Thinkstock/iStock/Анна Курзаева; Illu Zwiebel © Thinkstock/iStock/AlenaRozova   S. 39: Illu Korb © Thinkstock/iStock/iLexx; Brot © Thinkstock/iStock/Gitanna; Milch © fotolia/seen; Wurst © Thinkstock/iStock/aarrows; Käse © fotolia/Elena Schweitzer; Orangen © Thinkstock/iStock/Peter Zijlstra; Kuchen © Thinkstock/iStock/Inga Nielsen; Dose © Thinkstock/iStock/Lightstar59; Eier © Thinkstock/iStock/LeventKonuk; Saft © fotolia/Apart Foto; Tee © Thinkstock/iStock/Александр Перепелица; Sahne © fotolia/Fotofermer; Hackfleisch © Thinkstock/iStock/Reinhold Tscherwitschke; Kaffee © Thinkstock/Hemera; Schokolade © Thinkstock/iStock/kuppa_rock; Butter © fotolia/seite3; Reis © Thinkstock/iStock/NLAURIA; Wasser © Thinkstock/iStock/Hyrma   S. 40: E1 © PantherMedia/Peter Bernik; E2b: Obst © Thinkstock/iStock/Amornism; Kuchen © Thinkstock/iStock/kanate; Fleisch © Thinkstock/iStock/milkal   S. 41: Rudi © MEV; Maultaschen © Thinkstock/iStock/Holger Muench; Lian © Thinkstock/iStock/naran; Jiaozi © fotolia/Maksim Shebeko; Oleg © Thinkstock/iStock/Daniel Ernst; Pelmeni © Thinkstock/iStock/Magone; Günay © Thinkstock/iStock/tolgaildun; Manti © PantherMedia/Gorkem Demir; Chinkali © fotolia/dimitripopov   S. 43: Kuchen © Thinkstock/iStock/Inga Nielsen   S. 44: Gemüse © Thinkstock/iStock; Kartoffelsalat © Kraus Film, München   S. 45: Tortilla © Thinkstock/iStock/Ramonespelt; Zwiebel © Thinkstock/iStock/AlenaRozova; Salzstreuer © Thinkstock/iStock/perysty   S. 50: 1 © iStockphoto/domin_domin; 2 © Thinkstock/Photodisc/Ryan McVay; 3 links © iStockphoto; 3 rechts © fotolia/studio; 4 © Thinkstock/iStock/Oleksiy Mark; 5, 15 © Thinkstock/iStock/Baloncici; 6 links © iStockphoto/simonkr; 6 rechts ©Thinkstock/iStockphoto; 7 © Thinkstock/iStock/Anne-Louise Quarfoth; 8 © fotolia/Ericos; 9 © iStockphoto/perets; 10, 11 © Thinkstock/iStock/Maksym Bondarchuk; 12 © Thinkstock/iStock/Malsveta; 13 © Thinkstock/iStock/annikishkin; 14 © Thinkstock/iStock/tiler84; 16 © Thinkstock/iStock/SirichaiAkkarapat   S. 53: E2: Mann © Thinkstock/iStock/Decent-Exposure-Photography; Frau © Thinkstock/Getty Images/Jupiterimages; E3: Sofa © Thinkstock/iStock; TV © Thinkstock/Photodisc/Ryan McVay; Kühlschrank © Thinkstock/iStock/shutswis   S. 56: Ü1: oben © Thinkstock/iStock; unten © Thinkstock/Fuse; Ü2: links © Thinkstock/Top Photo Group; rechts © fotolia/david hughes   S. 57: Das ist die Küche © Kraus Film, München   S. 61: Uhr © iStockphoto/mevans   S. 62: C2 © Thinkstock/Stockbyte   S. 65: © Franz Specht, Weßling   S. 69: So ist mein Tag © Kraus Film, München; Ü2 © Thinkstock/iStock/Jevtic   S. 72: A2: 1 © Thinkstock/iStock/haveseen; 2 © Thinkstock/iStock/Wonderfulpixel; 3 © Thinkstock/iStock/snowflock; Windrose © fotolia/Ruediger Rau   S. 76: D1: A © Thinkstock/Fuse; B © Thinkstock/iStock/bradleyhebdon; C © Thinkstock/iStock/dulezidar; D © iStock/sarasang; E © fotolia/Gregg Dunnett; F © iStockphoto/small_frog; G © Thinkstock/Comstock; H © iStockphoto/MIenny Photography; D3 © Thinkstock/iStock/Pierrette Guertin   S. 77: Wolken © Thinkstock/Medioimages/Photodisc; Karim: Hintergrund © Thinkstock/iStock; Männer © fotolia/Ilan Rosen 2011   S. 79: © Thinkstock/Stockbyte/Jupiterimages   S. 80: Almas Hobby © Kraus Film, München   S. 81: 2: Stadt © Thinkstock/iStock Editorial/tupungato; Wetter © Thinkstock/iStock/Wonderfulpixel; 3: oben 2x © Thinkstock/iStock Editorial/tupungato; unten li © Thinkstock/iStock Editorial/tella_db; unten re. © Thinkstock/iStock/kkgas   S. 85: B2: A © Thinkstock/Comstock; B © Thinkstock/iStock/monkeybusinessimages; C © Thinkstock/iStock/XiFotos; D © iStockphoto/Steve Cole   S. 88: D3 von links: © Thinkstock/iStock/Ljupco; © Thinkstock/iStock/OcusFocus; © Thinkstock/Hemera/Christopher Rynio; © Thinkstock/Medioimages/Photodisc   S. 89: E1 © Thinkstock/iStock/Jani Bryson; E3 von links: © Thinkstock/iStock/deyangeorgiev; © Thinkstock/iStock; © fotolia/Rofeld/Hempelmann   S. 96: A2: A © Thinkstock/iStock/monkeybusinessimages; B © Thinkstock/Wavebreakmedia Ltd; C © PantherMedia/Christian Fickinger; D © fotolia/MAST; E © Thinkstock/iStock/4774344sean   S. 98: Antonio © Thinkstock/Digital Vision; Zola © Thinkstock/iStock/lucian coman; Kurs © fotolia/Robert Kneschke; Pictos © Thinkstock/iStock/Azaze11o   S. 99: C2 © Thinkstock/Digital Vision/Jochen Sand   S. 100: D1: 1 © PantherMedia/iloveotto; 2 © Thinkstock/Digital Vision/John Rowley; 3 © Thinkstock/EpicStockMedia   S. 101: © iStockphoto/